Prefacio

Bienvenidos a un viaje culinario que celebra la magia de la cocina saludable, creativa y deliciosa mediante el poder de la freidora de aire. En este libro de cocina, exploraremos una amplia gama de platos extraordinariamente sabrosos, todos preparados exclusivamente con la freidora de aire.

La freidora de aire se ha convertido en una compañera confiable en muchas cocinas, ofreciendo la promesa de platos crujientes y deliciosos sin el exceso de aceite. Sin embargo, sabemos que cada marca y modelo puede comportarse ligeramente diferente. Por lo tanto, antes de sumergirse en estas recetas, los animamos a comprender completamente las funciones y peculiaridades de su freidora de aire. Ajusten las temperaturas y los tiempos de cocción según las especificaciones de su aparato, experimenten y hagan de su freidora una aliada creativa en la cocina.

La cocina es un arte, y nuestro objetivo es inspirarlos a llevar amor y creatividad a sus platos. Cada receta ha sido concebida con atención, desde la elección de los ingredientes hasta el proceso de preparación. Los alentamos a experimentar, personalizar y poner su toque único en cada plato. La cocina es una expresión de creatividad, y no hay límite para su imaginación.

La preparación de alimentos es un acto de amor. Es una forma de conectarse con los demás, explorar nuevos sabores y crear recuerdos duraderos. En las siguientes páginas, esperamos transmitirles la alegría de cocinar y inspirarlos a experimentar con placer en la cocina.

¡Buen viaje gastronómico, lleno de descubrimientos deliciosos y momentos culinarios inolvidables!

Paty Chef

RECETAS INDICE NAVIDEÑAS

APERITIVOS

Los aperitivos son el backstage del banquete, anticipan la fiesta gastronómica con un adelanto de delicias. Son el teaser de la comida, una oda breve pero intensa al gusto.

PRIMEROS PLATOS

Los primeros platos son la sinfonía del sabor que abre el concierto de la comida, el primer abrazo cálido que te recibe en la mesa. Son el relato fascinante que te catapulta en un viaje culinario.

SEGUNDOS PLATOS

Los segundos platos son la estrella del espectáculo gastronómico, el momento en que los sabores se revelan en todo su esplendor. Son la cima de la comida, una explosión de sabor que roba la escena y conquista el paladar con cada bocado.

POSTRES

Los postres son la dulce melodía que concluye el concierto de la comida, una armonía de delicias que envuelve el paladar en un abrazo azucarado. Son el dulce cierre de cada fiesta culinaria, regalando un final memorable que deleita los sentidos.

RICETTE DI

NATALE

Descubrirán irresistibles entradas reinterpretadas con un toque ligero y crujiente gracias a la freidora de aire. Desde albóndigas de cangrejo hasta waffles de mejillones, prepárense para vivir una Navidad culinaria única y deliciosa. ¡Feliz Navidad y buen provecho!

RECETAS
INDICE
NAVIDEÑAS

Muffins de Alcachofa y Speck

ingredienti:

- 150 g de corazones de alcachofa cortados en trozos pequeños
- 100 g de mota cortada en cubos
- 120 g de harina
- 5 g de levadura en polvo
- 3g de sal
- 1g de pimienta negra
- 2 huevos (unos 100 g)
- 120ml de leche
- 60ml de aceite de oliva
- 60 g de queso rallado (preferiblemente queso duro)
- 2 cucharadas (aproximadamente 8 g) de perejil fresco picado

Preparación:
- En una sartén, cocina los trozos de speck hasta que estén crujientes. Retira del fuego y reserva.
- En un tazón, mezcla la harina, el polvo de hornear, la sal y la pimienta negra.
- En otro tazón, bate los huevos y agrega la leche y el aceite de oliva. Mezcla bien.
- Incorpora gradualmente los ingredientes secos en la mezcla líquida, revolviendo continuamente para evitar grumos. Agrega los trozos de speck crujiente, los corazones de alcachofa, el queso rallado y el perejil picado. Mezcla bien hasta obtener una masa homogénea.
- Distribuye la masa en moldes para muffins, llenándolos hasta 3/4 de su capacidad.
- Calienta la freidora de aire a 180°C.
- Cocina los muffins salados en la freidora de aire durante aproximadamente 15-18 minutos o hasta que estén dorados y cocidos por dentro.

Annotazioni...

. . . .
. . . .
. . . .
. . . .
. . . .

Rollos de Jamón y queso

- 8 lonchas de jamón crudo
- 200 g de queso crema (tipo Philadelphia)
- 1/2 taza de rúcula fresca
- Pimienta negra molida al gusto

Preparación de los Ingredientes:
- Extiende las lonchas de jamón sobre una superficie plana.
- Unta una capa fina de queso crema en cada loncha de jamón.
- Coloca algunas hojas de rúcula en la parte superior del queso.

Enrollado:
- Enrolla suavemente cada loncha de jamón con el queso y la rúcula en su interior, creando pequeños rollitos.

Cocción en la Freidora de Aire:
- Precalienta la freidora de aire a 180°C.
- Coloca los rollitos en la cesta de la freidora de aire, asegurándote de que estén distribuidos uniformemente.

Cocción:
- Cocina durante unos 5-7 minutos o hasta que el jamón esté crujiente.

Presentación:
- Saca los rollitos del horno y deja que se enfríen durante unos minutos.
- Sirve los rollitos en un plato para servir y espolvorea un poco de pimienta negra fresca por encima.

Annotazioni...

. . . .
. . . .
. . . .
. . . .
. . . .

Tortitas de calabaza Ricota, Miel y Nueces

ingredienti:

- 2 tazas de calabaza, cocida y triturada
- 1 taza de requesón
- 1 huevo
- 1/2 taza de harina
- 1 cucharadita de polvo para hornear
- 1 cucharadita de canela molida
- 1/4 cucharadita de nuez moscada
- Sal y pimienta negra al gusto
- Miel para decorar
- Nueces picadas para decorar

Preparación de los Ingredientes:
- Asegúrate de que la calabaza esté bien cocida y machacada. En un tazón, mezcla la calabaza machacada con el requesón, el huevo, la harina, el polvo de hornear, la canela, la nuez moscada, la sal y la pimienta. Mezcla bien hasta obtener una consistencia homogénea.

Formación de las Tortitas:
- Toma una pequeña cantidad de la mezcla y forma tortitas redondas.

Cocción en la Freidora de Aire:
- Precalienta la freidora de aire a 180°C.
- Coloca las tortitas en la cesta de la freidora de aire, evitando superposiciones.
- Cocina durante unos 8-10 minutos o hasta que las tortitas estén doradas y cocidas por dentro.

Presentación:
- Coloca las tortitas en un plato para servir.
- Decora con un chorrito de miel y nueces picadas.

Annotazioni...

. . . .
. . . .
. . . .
. . . .
. . . .

Calamares crujientes con Salsa De Limón Y Perejil

ingredienti:

- 500 g de calamares, limpios y cortados en aros
- 1 taza de harina para rebozar
- 1 cucharadita de pimentón dulce
- 1 cucharadita de ajo en polvo
- Sal y pimienta negra al gusto
- Aceite para freír
- limones para servir
- Perejil fresco picado para decorar

para la salsa

- 1/2 taza de mayonesa
- Jugo de 1 limón
- Ralladura de 1 limón
- Sal y pimienta negra al gusto

Preparación de los Ingredientes:
- En un tazón, mezcla la harina para rebozar con el pimentón dulce, el ajo en polvo, la sal y la pimienta.

Rebozado de los Calamares:
- Pasa los anillos de calamar por la mezcla de harina, asegurándote de que estén bien cubiertos.

Cocción en la Freidora de Aire:
- Precalienta la freidora de aire a 200°C.
- Coloca los anillos de calamar en la cesta de la freidora de aire, evitando superposiciones.
- Rocía los anillos de calamar con una fina capa de aceite.

Cocción:
- Cocina durante unos 8-10 minutos o hasta que los calamares estén dorados y crujientes.

Preparación de la Salsa:
- En un pequeño tazón, mezcla la mayonesa con el jugo y la ralladura de limón. Añade sal y pimienta negra al gusto.

Presentación:
- Saca los calamares del horno y colócalos en un plato para servir.
- Decora con perejil fresco picado y sirve con rodajas de limón y la salsa de limón preparada.

Annotazioni...

. . . .
. . . .
. . . .
. . . .
. . . .

Camarones Empanizados Coco con Salsa de Mango

ingredienti:

- 500 g de gambas peladas y limpias
- 1 taza de harina para rebozar
- 1 taza de hojuelas de coco
- 2 huevos batidos
- Sal y pimienta negra al gusto
- Aceite para freír
- Mango maduro, cortado en cubitos, para la salsa.
- 1 chile rojo fresco, picado (opcional para darle un toque picante)
- Cilantro fresco picado para decorar

Para la salsa:

- 1 taza de mango maduro, licuado
- Jugo de lima
- 1 cucharada de azúcar
- Sal al gusto.

Preparación de los Ingredientes:
- En un tazón, prepara una masa mezclando la harina con sal y pimienta. En otro tazón, coloca los copos de coco.

Empanizado de los Camarones:
- Pasa cada camarón por la masa y luego por los copos de coco, asegurándote de que estén completamente cubiertos.
- Cocción en la Freidora de Aire:
- Precalienta la freidora de aire a 200°C.
- Coloca los camarones empanizados en la cesta de la freidora de aire.

Cocción:
- Cocina durante unos 8-10 minutos o hasta que los camarones estén dorados y crujientes.

Preparación de la Salsa de Mango:
- En un tazón, mezcla el puré de mango con el jugo de lima, el azúcar y la sal. Agrega chile picado si deseas un toque picante.

Presentación:
- Saca los camarones del horno y colócalos en un plato para servir.
- Decora con cilantro fresco picado y sirve con la salsa de mango.

Annotazioni...

. . . .
. . . .
. . . .
. . . .
. . . .

Gambas escalfadas con salsa Agridulce

ingredienti:

- 16 langostinos grandes, limpios y fileteados
- 8 rebanadas de tocino
- 1/4 taza de miel
- 2 cucharadas de mostaza Dijon
- 1 cucharada de vinagre de manzana
- Sal y pimienta negra al gusto
- Ramitas de romero para decorar

Preparación de los Ingredientes:
- Seca suavemente los camarones con papel absorbente.
- Envuelve cada camarón con una loncha de tocino y asegura con un palillo.

Cocción en la Freidora de Aire:
- Precalienta la freidora de aire a 200°C.
- Coloca los camarones envueltos en la cesta de la freidora de aire.

Cocción:
- Cocina los camarones durante aproximadamente 10-12 minutos o hasta que el tocino esté crujiente y los camarones estén cocidos.

Preparación de la Salsa Agridulce:
- En un tazón, mezcla la miel, la mostaza de Dijon y el vinagre de manzana.
- Ajusta el sabor con sal y pimienta negra.

Presentación:
- Saca los camarones del horno y colócalos en un plato para servir.
- Vierte la salsa agridulce sobre los camarones envueltos en tocino.
- Decora con ramitas de romero para un toque aromático.

Annotazioni...

. . . .
. . . .
. . . .
. . . .
. . . .

Bocados de pez espada en Salsa de Aguacate

ingredienti:

- 500 g de trozos de pez espada
- 1 limón, jugo y ralladura
- 2 cucharadas de aceite de oliva
- 2 dientes de ajo, picados
- Sal y pimienta negra al gusto
- 2 aguacates, maduros
- Cilantro o comino fresco, picado para decorar

Preparación de los Ingredientes:
- En un tazón, mezcla el jugo y la ralladura de limón, el aceite de oliva, el ajo picado, sal y pimienta. Esto será la marinada.

Marinado de Pez Espada:
- Sumerge los trozos de pez espada en la marinada y déjalos marinar en el refrigerador durante al menos 30 minutos.

Cocción en la Freidora de Aire:
- Precalienta la freidora de aire a 200°C.
- Coloca los trozos de pez espada marinados en la cesta de la freidora de aire.

Cocción:
- Cocina durante aproximadamente 8-10 minutos o hasta que el pescado esté cocido y ligeramente dorado.
- Preparación de la Salsa de Aguacate:
- Licua los aguacates hasta obtener una consistencia cremosa. Agrega sal y pimienta al gusto.

Presentación:
- Saca los trozos de pez espada del horno y colócalos en un plato para servir.
- Decora con cilantro fresco picado y sirve con la salsa de aguacate.

Annotazioni...

. . . .
. . . .
. . . .
. . . .
. . . .

Albóndigas de Cangrejo en Salsa de Lima y Perejil

- 250 g de carne de cangrejo fresca
- 1 taza de pan rallado
- 1 huevo
- 2 cucharadas de mayonesa
- 1 cucharadita de mostaza Dijon
- Jugo de media lima
- Ralladura de lima
- Sal y pimienta negra al gusto
- Aceite para freír

Para la salsa:

1/2 taza de mayonesa
Zumo de 1 lima
Perejil fresco, picado
Sal y pimienta negra al gusto

Preparación de Ingredientes:
- En un tazón, mezcla la carne de cangrejo con pan rallado, huevo, mayonesa, mostaza, jugo y ralladura de lima. Agrega sal y pimienta al gusto.

Formación de Albóndigas:
- Toma pequeñas porciones de la mezcla y forma albóndigas redondas.

Cocción en la Freidora de Aire:
- Precalienta la freidora de aire a 180°C.
- Coloca las albóndigas de cangrejo en la canasta de la freidora de aire.

Cocción:
- Cocina durante aproximadamente 10-12 minutos o hasta que las albóndigas estén doradas y crujientes.

Preparación de la Salsa de Lima y Perejil:
- En un pequeño tazón, mezcla la mayonesa con el jugo de lima, perejil fresco picado, sal y pimienta.

Presentación:
- Saca las albóndigas de cangrejo del horno y colócalas en un plato para servir.
- Sirve con la salsa de lima y perejil.

Annotazioni...

. . . .
. . . .
. . . .
. . . .
. . . .

Zurighetta de Patatas Calabaza y Robiola

ingredienti:

- 500 g de patatas peladas y cortadas en rodajas finas
- 300 g de calabaza, pelada y cortada en cubos
- 200 g de robiola, cortada en trozos
- 1 cebolla, rebanada
- 2 cucharadas de aceite de oliva
- Sal y pimienta para probar.
- Romero fresco, picado (opcional)

Para la marinada:

2 cucharadas de vinagre de vino blanco
2 cucharadas de aceite de oliva
Sal y pimienta para probar.

Preparación:
- En un tazón, mezcla las rodajas de patata y los cubos de calabaza con la cebolla en rodajas.

Preparación de la Marinada:
- Prepara la marinada mezclando el vinagre de vino blanco, el aceite de oliva, la sal y la pimienta. Vierte esta marinada sobre las verduras y mezcla bien para cubrir uniformemente.
- Precalienta la freidora de aire a 200°C.
- Distribuye uniformemente la mezcla de patatas, calabaza y cebolla en la rejilla de la freidora de aire.
- Cocina durante unos 20-25 minutos o hasta que las patatas estén doradas y crujientes, revolviendo a la mitad de la cocción.

Presentación:
- Una vez cocidas, transfiere las patatas y la calabaza a pequeños tazones.
- Añade la robiola cortada en trozos y mezcla suavemente. Sazona con sal, pimienta y, si lo deseas, romero fresco picado.
- Sirve la zurighetta de patatas, calabaza y robiola caliente como aperitivo caliente con una rebanada tostada de pan.

Annotazioni...

....
....
....
....
....

Tempura de Camarones con Salsa de Soya y Miel

- 12 langostinos grandes, pelados y limpios
- 1 taza de harina para tempura
- 1 huevo
- 1 taza de agua helada
- Aceite para freír
- Sal y pimienta negra al gusto

Para la salsa:

1/4 taza de salsa de soja
2 cucharadas de miel
1 cucharadita de jengibre fresco rallado
1 diente de ajo, finamente picado
Pimiento rojo triturado (opcional para un toque picante)

Preparación de los Ingredientes:
- En un tazón, mezcla la harina para tempura con el huevo y el agua helada hasta obtener una masa suave.

Tempura de Camarones:
- Sumerge los camarones en la masa, asegurándote de que estén completamente cubiertos.

Cocción en la Freidora de Aire:
- Precalienta la freidora de aire a 200°C.
- Coloca los camarones tempura en la cesta de la freidora de aire, evitando superponerlos.

Cocción:
- Cocina durante aproximadamente 6-8 minutos o hasta que los camarones estén dorados y crujientes.

Preparación de la Salsa de Soya con Miel:
- En un pequeño tazón, mezcla la salsa de soya con la miel, jengibre rallado, ajo picado y, si lo deseas, pimiento rojo triturado.

Presentación:
- Saca los camarones tempura del horno y colócalos en un plato para servir.
- Sirve con la salsa de soya y miel para un toque agridulce.

Annotazioni...

. . . .
. . . .
. . . .
. . . .
. . . .

Bastones de Pescado Limón y Hierbas Aromáticas

- 400 g de filetes de bacalao u otro pescado blanco
- 1 taza de pan rallado
- 2 huevos batidos
- 1 limón, ralladura
- 1 cucharada de perejil fresco, finamente picado
- Sal y pimienta negra al gusto
- Aceite para freír

Preparación de los Ingredientes:
- Corta los filetes de pescado en bastones de tamaño uniforme.
- En un tazón, mezcla el pan rallado con la ralladura de limón, perejil picado, sal y pimienta.

Empanizado del Pescado:
- Pasa cada bastón de pescado primero por los huevos batidos y luego por la mezcla de pan rallado aromatizado.

Cocción en la Freidora de Aire:
- Precalienta la freidora de aire a 200°C.
- Coloca los bastones de pescado en la cesta de la freidora de aire, asegurándote de que estén bien espaciados.

Cocción:
- Cocina durante aproximadamente 8-10 minutos o hasta que el pescado esté dorado y crujiente.

Presentación:
- Saca los bastones de pescado del horno y colócalos en un plato para servir.
- Sirve con gajos de limón para agregar frescura.

Annotazioni...

. . . .
. . . .
. . . .
. . . .
. . . .

Rollitos de pimienta

ingredienti:

- 4 pimientos pequeños de colores (rojo, amarillo o verde).
- 200 g de queso crema (tipo Philadelphia)
- 50 g de queso de cabra
- 1/2 taza de nueces picadas
- 2 cucharadas de perejil fresco, picado
- 2 cucharadas de aceite de oliva
- Sal y pimienta negra al gusto
- Pan rallado (para terminar)

Preparación de los Pimientos:
- Corta los pimientos por la mitad, quita las semillas y las fibras internas.
- Colócalos en una bandeja forrada con papel pergamino.

Preparación del Relleno:
- En un tazón, mezcla el queso crema, el queso de cabra, las nueces picadas, el perejil fresco, el aceite de oliva, la sal y la pimienta negra. Mezcla bien hasta obtener una consistencia cremosa.
- Rellena cada mitad de pimiento con la mezcla de queso y nueces.
- Cierra cada mitad de pimiento formando un rollo.
- Pasa los rollos de pimiento por el pan rallado, asegurándote de que el pan rallado se adhiera bien a la superficie.

Cocción:
- Precalienta la freidora de aire a 180°C.
- Coloca los rollos de pimiento en la cesta de la freidora de aire, asegurándote de que estén distribuidos uniformemente.
- Cocina durante aproximadamente 15-20 minutos o hasta que estén dorados y crujientes.

Presentación:
- Sirve los rollos de pimiento en un plato para servir, tal vez con una salsa ligera o un yogur aromatizado.

Annotazioni...

. . . .
. . . .
. . . .
. . . .
. . . .

Wafers de Mejillones con Salsa de Chile y Lima

ingredienti:

- 500 g de mejillones pelados y limpios
- 1 taza de harina para tempura
- 2 huevos batidos
- 1 lima, ralladura
- Sal y pimienta negra al gusto
- Aceite para freír

Para la salsa:

2 cucharadas de aceite de oliva
1 chile rojo fresco, finamente picado
1 lima, jugo
Sal y pimienta negra al gusto

Preparación de los Ingredientes:
- En un tazón, mezcla la harina para tempura con los huevos batidos, la ralladura de lima, sal y pimienta. La masa debe ser suave y ligera.

Rebozado de los Mejillones:
- Pasa cada mejillón por la masa, asegurándote de que esté completamente cubierto.

Cocción en la Freidora de Aire:
- Precalienta la freidora de aire a 200°C.
- Coloca las conchas de mejillones en la cesta de la freidora de aire, evitando superponerlas.

Cocción:
- Cocina durante aproximadamente 8-10 minutos o hasta que las conchas estén doradas y crujientes.

Preparación de la Salsa de Chile y Lima:
- En una sartén, calienta el aceite de oliva y agrega el chile rojo picado. Cocina por unos minutos, luego agrega el jugo de lima, sal y pimienta.

Presentación:
- Saca las conchas de mejillones del horno y colócalas en un plato para servir.
- Sirve con la salsa de chile y lima para un toque picante y cítrico.

Annotazioni...

. . . .
. . . .
. . . .
. . . .
. . . .

Tortitas de verduras en Salsa De Yogur De Albahaca

ingredienti:

- 1 calabacín rallado
- 1 zanahoria rallada
- 1 papa, rallada
- 1 cebolla, finamente picada
- 1 taza de harina
- 2 huevos batidos
- 1 cucharadita de polvo para hornear
- 1/2 taza de parmesano rallado
- Sal y pimienta negra al gusto
- Aceite para freír

Para la salsa:

1 taza de yogur griego
Hojas de albahaca fresca, picadas
1 diente de ajo, finamente picado
Sal y pimienta negra al gusto

Preparación de los Ingredientes:
- Ralla la calabacín, la zanahoria y la patata. Pica finamente la cebolla.

Preparación de la Masa:
- En un tazón, mezcla las verduras ralladas con harina, huevos, levadura en polvo, queso parmesano rallado, sal y pimienta. La masa debe ser espesa pero manejable.

Cocción en la Freidora de Aire:
- Precalienta la freidora de aire a 180°C.
- Forma pequeñas tortitas con la masa y colócalas en la cesta de la freidora de aire.

Cocción:
- Cocina durante aproximadamente 8-10 minutos o hasta que las tortitas estén doradas y crujientes.

Preparación de la Salsa de Yogur con Albahaca:
- En un tazón, mezcla el yogur griego con albahaca picada, ajo picado,sal y pimienta.

Presentación:
- Saca las tortitas de verduras del horno y colócalas en un plato para servir.
- Sirve con la salsa de yogur con albahaca para un toque fresco y aromático.

Annotazioni...

. . . .
. . . .
. . . .
. . . .
. . . .

Grissini de Verduras en Crema de Queso y Nueces

ingredienti:

- 1 calabacín
- 1 zanahoria
- 1 pimiento rojo
- 200 g de queso crema
- 50g de nueces
- Miel para caramelizar las nueces
- Aceite de oliva virgen extra
- Sal y pimienta negra al gusto
- Romero fresco para decorar

Preparación de los Ingredientes:
- Corta la calabacín, la zanahoria y el pimiento en bastones delgados y largos.

Cocción de las Verduras:
- Precalienta la freidora de aire a 180°C.
- Adereza las verduras con un chorrito de aceite de oliva extra virgen, sal y pimienta. Cocina las verduras en la freidora de aire durante aproximadamente 10-12 minutos o hasta que estén crujientes.

Preparación de la Crema de Queso:
- En un tazón, mezcla el queso crema hasta que esté suave y untuoso.

Caramelización de las Nueces:
- En una sartén pequeña, carameliza las nueces con un poco de miel. Asegúrate de mezclar bien para cubrir uniformemente las nueces.

Ensamblaje:
- Toma cada bastón de verdura y unta un poco de crema de queso.
- Decora con las nueces caramelizadas y algunas hojas de romero fresco.

Presentación:
- Coloca los grissini de verduras en un plato para servir.

Annotazioni...

. . . .
. . . .
. . . .
. . . .
. . . .

Bocaditos de mozzarella con nieve y nueces

- 1 calabacín
- 1 zanahoria
- 1 pimiento rojo
- 200 g de queso crema
- 50g de nueces
- Miel para caramelizar las nueces
- Aceite de oliva virgen extra
- Sal y pimienta negra al gusto
- Romero fresco para decorar

- Preparación de los Ingredientes:
- Corta la calabacín, la zanahoria y el pimiento en bastones delgados y largos.
- Cocción de las Verduras:
- Precalienta la freidora de aire a 180°C.
- Adereza las verduras con un chorrito de aceite de oliva extra virgen, sal y pimienta. Cocina las verduras en la freidora de aire durante aproximadamente 10-12 minutos o hasta que estén crujientes.
- Preparación de la Crema de Queso:
- En un tazón, mezcla el queso crema hasta que esté suave y untuoso.
- Caramelización de las Nueces:
- En una sartén pequeña, carameliza las nueces con un poco de miel. Asegúrate de mezclar bien para cubrir uniformemente las nueces.
- Ensamblaje:
- Toma cada bastón de verdura y unta un poco de crema de queso.
- Decora con las nueces caramelizadas y algunas hojas de romero fresco.
- Presentación:
- Coloca los grissini de verduras en un plato para servir.

Annotazioni...

. . . .
. . . .
. . . .
. . . .
. . . .

RICETTE DI

NATALE

PRIMEROS PLATOS

La pasta se puede cocinar en la freidora de aire, pero requiere cuidado y control. Ciertamente, no es igual a la pasta cocida en abundante agua, pero puede ofrecer una alternativa válida con sabores y texturas diferentes. Puedes utilizar estas recetas simples como base y luego ser creativo adaptándolas con otras recetas tradicionales o más creativas.

Tortitas de verduras en Salsa De Yogur De Albahaca

ingredienti:

- 1 calabacín rallado
- 1 zanahoria rallada
- 1 papa, rallada
- 1 cebolla, finamente picada
- 1 taza de harina
- 2 huevos batidos
- 1 cucharadita de polvo para hornear
- 1/2 taza de parmesano rallado
- Sal y pimienta negra al gusto
- Aceite para freír

Para la salsa:

1 taza de yogur griego
Hojas de albahaca fresca, picadas
1 diente de ajo, finamente picado
Sal y pimienta negra al gusto

Preparación de los Ingredientes:
- Ralla la calabacín, la zanahoria y la patata. Pica finamente la cebolla.
- Preparación de la Masa:
- En un tazón, mezcla las verduras ralladas con harina, huevos, levadura en polvo, queso parmesano rallado, sal y pimienta. La masa debe ser espesa pero manejable.

Cocción en la Freidora de Aire:
- Precalienta la freidora de aire a 180°C.
- Forma pequeñas tortitas con la masa y colócalas en la cesta de la freidora de aire.

Cocción:
- Cocina durante aproximadamente 8-10 minutos o hasta que las tortitas estén doradas y crujientes.

Preparación de la Salsa de Yogur con Albahaca:
- En un tazón, mezcla el yogur griego con albahaca picada, ajo picado,sal y pimienta.

Presentación:
- Saca las tortitas de verduras del horno y colócalas en un plato para servir.
- Sirve con la salsa de yogur con albahaca para un toque fresco y aromático.

Annotazioni...

. . . .
. . . .
. . . .
. . . .
. . . .

Ñoquis Con Pesto De Espinacas Tomates secos y con corteza

ingredienti:

- 500 g de ñoquis de patata (preferiblemente frescos)
- 2 puñados de espinacas frescas
- 50 g de tomates secos en aceite, picados
- 1 diente de ajo, picado
- 50 g de nueces tostadas y picadas
- 3 cucharadas de aceite de oliva virgen extra
- Sal y pimienta negra al gusto

Pan rallado para la corteza crujiente

Preparación de los Ingredientes:
- Pica finamente las espinacas frescas, el ajo, los tomates secos y tuesta y tritura las nueces.

Pesto de Espinacas:
- En una licuadora, mezcla las espinacas, el ajo, los tomates secos, las nueces y el aceite de oliva virgen extra hasta obtener una crema homogénea. Ajusta la sal y la pimienta.

Preparación de los Gnocchi:
- En un tazón, mezcla los gnocchi con el pesto de espinacas, asegurándote de que estén bien cubiertos.

Ensamblaje en la Freidora de Aire:
- Transfiere los gnocchi a la cesta de la freidora de aire.
- Espolvorea la superficie de los gnocchi con pan rallado para crear una costra crujiente.

Cocción:
- Cocina en la freidora de aire a 200°C durante aproximadamente 15-20 minutos o hasta que los gnocchi estén dorados y la costra esté crujiente.

Presentación:
- Saca los gnocchi del horno y sírvelos calientes, decorando con un chorrito extra de aceite de oliva virgen extra y algunas nueces trituradas.

Annotazioni...

. . . .
. . . .
. . . .
. . . .
. . . .

Garganelli con Pesto Rojo

- 400 g de Garganelli frescos
- 1 taza de tomates secados al sol en aceite, picados
- 1/2 taza de ricotta salata, rallada
- 2 cucharadas de aceite de oliva virgen extra
- Albahaca fresca para decorar
Sal y pimienta negra al gusto

Humedecer la Pasta:
- Humedece ligeramente la pasta fresca con un poco de agua en un tazón.
- Precalienta la freidora de aire a 180 °C.
- Coloca la pasta en la cesta de la freidora de aire, asegurándote de que esté distribuida uniformemente.
- Cocina la pasta en la freidora de aire durante aproximadamente 8-10 minutos, revisando regularmente para obtener la consistencia deseada.
- Si es necesario, humedece rociando agua de vez en cuando.
Preparación del Aderezo:
- En un tazón, mezcla los tomates secos triturados con aceite de oliva virgen extra, sal y pimienta al gusto.
Presentación:
- Una vez cocida, transfiere la pasta a un tazón.
- Condimenta la pasta con el pesto de tomates secos.
- Decora con ricotta salada rallada y albahaca fresca.

Annotazioni...

. . . .
. . . .
. . . .
. . . .
. . . .

Ñoquis Tricolores Salvia, Nueces y Gorgonzola.

ingredienti:

- 500 g de ñoquis frescos (clásicos, de espinacas y remolacha)
- 1/2 taza de mantequilla
- 10 hojas frescas de salvia
- 1 taza de nueces, tostadas y picadas
- 150 g de queso gorgonzola desmenuzado
- Sal y pimienta negra al gusto

Humedecer los Ñoquis:
- Humedece ligeramente los ñoquis frescos con un poco de agua en un tazón.
- Precalienta la freidora de aire a 200 °C.
- Coloca los ñoquis en la canasta de la freidora de aire, asegurándote de que estén distribuidos de manera uniforme.
- Cocina los ñoquis en la freidora de aire durante aproximadamente 10-12 minutos, o hasta que estén dorados.

Preparación del Aderezo:
- En una sartén o en el microondas (a media potencia), derrite la mantequilla a fuego medio. Agrega las hojas de salvia y cocina hasta que la mantequilla comience a dorarse.

Presentación:
- Una vez que los ñoquis estén cocidos, transfiérelos a un tazón.
- Condimenta con la mantequilla de salvia.
- Añade las nueces tostadas y picadas.
- Esparce el queso gorgonzola desmenuzado sobre los ñoquis.
- Ajusta la sal y la pimienta al gusto.
- Decora con algunas hojas de salvia fresca.

Annotazioni...

. . . .
. . . .
. . . .
. . . .
. . . .

Spätzle a la tirolense

- 500 g de Spätzle frescos o envasados
- 1/2 taza de mantequilla
- 2 cucharadas de hojas de tomillo fresco
- 150 g de speck cortado en cubos
- 1 taza de queso Fontina, rallado
- Sal y pimienta negra al gusto
- Cebolla caramelizada (opcional, para decorar)

Humedecer los Spätzle:
- Coloca los Spätzle en un tazón y agrega un poco de agua. Mezcla suavemente para que los Spätzle estén ligeramente humedecidos.
- Precalienta la freidora de aire a 200°C.
- Coloca los Spätzle en la cesta de la freidora de aire, asegurándote de que estén distribuidos uniformemente.
- Cocina los Spätzle en la freidora de aire durante unos 8-10 minutos, o hasta que estén dorados, revisándolos de vez en cuando.

Preparación del Condimento:
- En una sartén, derrite la mantequilla a fuego medio. Agrega las hojas de tomillo y cocina hasta que la mantequilla comience a dorarse.
- Añade los cubos de speck a la sartén y continúa cocinando hasta que estén crujientes.
- Incorpora el queso Fontina rallado y mezcla hasta que el queso se derrita y se vuelva cremoso.

Presentación:
- Una vez que los Spätzle estén cocidos, transfiérelos a un tazón.
- Vierte sobre ellos la mezcla de mantequilla, tomillo, speck y Fontina.
- Ajusta la sal y la pimienta al gusto.
- Mezcla bien para asegurarte de que los Spätzle estén bien cubiertos.

Decoración (opcional):
- Decora con cebolla caramelizada sobre los Spätzle para un toque dulce y adicional.

Annotazioni...

. . . .
. . . .
. . . .
. . . .
. . . .

Tagliatelle con Salsa de Champiñones y Queso con Trufa

ingredienti:

- 500 g de tallarines frescos
- 2 cucharadas de aceite de oliva
- 250 g de champiñones mixtos (cepillos, champiñones, etc.), en rodajas
- 2 dientes de ajo, picados
- 1 taza de crema
- 100 g de queso trufa rallado
- Sal y pimienta negra al gusto
  Perejil fresco picado (para decorar)

Preparación:
- Coloca los fideos en un tazón y agrega un poco de agua. Mezcla suavemente para que los fideos estén ligeramente humedecidos.
- Precalienta la freidora de aire a 200°C.
- Coloca los fideos en la canasta de la freidora de aire, asegurándote de que estén distribuidos uniformemente.
- Cocina los fideos en la freidora de aire durante aproximadamente 8-10 minutos, verifica y gira ocasionalmente hasta que estén óptimamente cocidos.

Preparación de la Salsa de Champiñones y Queso con Trufa:
- En una sartén, calienta el aceite de oliva a fuego medio. Agrega los dientes de ajo picados y cocina hasta que estén dorados.
- Añade los champiñones rebanados y cocina hasta que estén tiernos.
- Vierte la crema en la sartén y lleva a ebullición.
- Reduce el fuego y agrega el queso rallado con trufa. Mezcla hasta que el queso se derrita y la salsa espese.
- Ajusta la sal y la pimienta al gusto.

Presentación:
- Una vez que los fideos estén cocidos, transfiérelos a un tazón.
- Vierte la salsa de champiñones y queso con trufa sobre los fideos y mezcla suavemente para cubrirlos bien.
- Decora con perejil fresco picado.

Annotazioni...

. . . .
. . . .
. . . .
. . . .
. . . .

Tagliolini en la Cuenca de Oro

ingredienti:

- 500 g de tagliolini frescos
- 300 g de gambas limpias
- 200 g de robiola
- Ralladura de 1 limón
- Jugo de medio limón
- 2 cucharadas de aceite de oliva
- Sal y pimienta negra al gusto
- Perejil fresco picado (para decorar)

Preparación:

- Coloca los tagliolini en un tazón y añade un poco de agua. Mezcla suavemente para que los tagliolini estén ligeramente humedecidos.
- Precalienta la freidora de aire a 200°C.
- Coloca los tagliolini en la canasta de la freidora de aire, asegurándote de que estén distribuidos uniformemente.
- Cocina los tagliolini en la freidora de aire durante aproximadamente 8-10 minutos, controla y, si es necesario, humedece hasta obtener la cocción óptima.

Preparación del Aderezo:

- En una sartén, calienta el aceite de oliva a fuego medio. Agrega los camarones limpios y cocina hasta que se pongan rosados y estén cocidos.
- Añade el jugo de limón y la ralladura. Mezcla bien.
- Reduce el fuego y añade la robiola. Mezcla hasta que la robiola se derrita y el aderezo quede cremoso. Ajusta la sal y la pimienta al gusto.

Presentación:

- Una vez que los tagliolini estén cocidos, transfiérelos a un tazón.
- Vierte el aderezo de camarones, robiola y limón sobre los tagliolini y mezcla suavemente para cubrirlos bien.
- Decora con perejil fresco picado y ralla un poco de cáscara de limón para darle un toque de frescura.

Annotazioni...

....
....
....
....
....

Scialatielli a la Moda Caprí

- 500 g de Scialatielli frescos
- 300 g de camarones cocidos en salmuera
- 1 taza de tomates cherry, cortados por la mitad
- 1/2 taza de nueces tostadas, picadas
- 2 cucharadas de pesto de rúcula (o genovesa)
- 2 cucharadas de aceite de oliva
- Jugo de medio limón
- Sal y pimienta negra al gusto
- Queso pecorino rallado (opcional, para la guarnición)

Preparación:

- Coloca los Scialatielli en un tazón y añade un poco de agua. Mézclalos suavemente para que estén ligeramente humedecidos.
- Precalienta la freidora de aire a 200°C.
- Colócalos en la cesta de la freidora de aire, asegurándote de que estén distribuidos uniformemente.
- Cocina durante aproximadamente 8-10 minutos, revisándolos y humedeciéndolos si es necesario hasta que estén óptimamente cocidos.

Preparación del Condimento:

- En un tazón, mezcla los camarones escurridos, los tomates cherry cortados por la mitad, las nueces picadas, el pesto de rúcula y el aceite de oliva.
- Añade el jugo de limón, sal y pimienta negra al gusto. Mezcla bien.

Presentación:

- Una vez que los Scialatielli estén cocidos, transfiérelos a un tazón.
- Vierte la mezcla de camarones, pesto de rúcula y tomates sobre los Scialatielli humedecidos y mezcla suavemente para cubrirlos bien.
- Si lo deseas, ralla queso pecorino encima para un toque extra de sabor.

Annotazioni...

. . . .
. . . .
. . . .
. . . .
. . . .

Ñoquis de Papa con Salsa de Tomate y Albahaca.

ingredienti:

- 500 g de papas
- 200 g de harina de tipo "00"
- 1 huevo
- Sal al gusto
- Pimienta al gusto
- Queso parmesano rallado

Per la Salsa:

- 400 g de tomates pelados
- 2 dientes de ajo, picados
- Aceite de oliva virgen extra
- Albahaca fresca

Preparación de los Ñoquis:

- Cocina las papas con la piel hasta que estén tiernas. Pela y aplasta.
- En un tazón, combina las papas aplastadas, la harina, el huevo, sal y pimienta. Mezcla hasta obtener una masa homogénea.
- Divide la masa en pequeñas porciones y forma rollos. Corta los ñoquis a la longitud deseada.

Cocción de los Ñoquis:

- Coloca los ñoquis en una cesta de aluminio con borde alto, asegurándote de que estén distribuidos uniformemente, luego colócala en la freidora de aire.
- Cocina a 200°C durante aproximadamente 12-15 minutos o hasta que los ñoquis estén dorados y crujientes.

Preparación de la Salsa de Tomate y Albahaca:

- En una sartén, calienta el aceite de oliva y saltea el ajo picado.
- Agrega los tomates pelados y cocina a fuego medio hasta obtener una salsa espesa. Ajusta la sal y la pimienta.
- Agrega las hojas de albahaca fresca.

Ensamblaje:

- Vierte la salsa de tomate sobre los ñoquis crujientes en la freidora de aire.
  Espolvorea con queso parmesano rallado y hojas de albahaca fresca.

Servicio:

Sirve los ñoquis directamente desde la freidora de aire para mantenerlos calientes y crujientes.

Annotazioni...

. . . .
. . . .
. . . .
. . . .
. . . .

Raviolis Crujientes de Relleno Ligero

- 500 g de patatas
- 200 g de harina tipo "00"
- 1 huevo
- Sal al gusto
- Pimienta al gusto

Preparación:

- Pica la salvia, distribúyela en un cuenco y agrega la mantequilla.
- Añade sal y pimienta al gusto.
- Derrite la mantequilla aromatizada en el microondas. Ajusta la potencia a baja hasta que la mantequilla esté completamente derretida.
- Pincela ambos lados de los raviolis. O bien, colócalos en un plato, vierte la mantequilla derretida y mezcla bien para condimentar todos los raviolis.
- Coloca los raviolis en la cesta de la freidora de aire y cocina durante 10 minutos a 200°C. A la mitad del tiempo de cocción, gíralos agitando la cesta para mezclarlos y lograr un dorado uniforme.

Sirve caliente...

Annotazioni...

. . . .
. . . .
. . . .
. . . .
. . . .

SEGUNDOS
PLATOS

Qui tendremos una selección de muchos segundos platos, desde los simples hasta aquellos con diversas formas de cocción y con estilo gourmet, como los grandes chefs... recuerda agregar imaginación y amor a tus platos, así siempre serán deliciosos y apreciados.

Salmón con olor a Sicilia

ingredienti:

- 4 filetes de salmón
- 1 taza de almendras picadas
- 2 cucharadas de miel
- 2 cucharadas de mostaza Dijon
- 2 cucharadas de aceite de oliva
- Sal y pimienta negra al gusto

Para la salsa:

Ralladura de 1 naranja (zeste)
Jugo de 2 naranjas
2 cucharadas de vinagre balsámico
1 cucharada de mantequilla (opcional)

Preparación:
- Precalienta la freidora de aire a 200°C.
- En un tazón, mezcla las almendras trituradas con la miel, la mostaza de Dijon, el aceite de oliva, sal y pimienta negra.
- Coloca los filetes de salmón en una superficie plana y extiende uniformemente la mezcla de almendras sobre el lado superior de cada filete.
- Coloca los filetes de salmón en la cesta de la freidora de aire, asegurándote de que estén distribuidos uniformemente.
- Cocina durante unos 12-15 minutos o hasta que el salmón esté cocido y la costra esté dorada.

Preparación de la Salsa de Naranja:
- En una pequeña cacerola, mezcla la ralladura de naranja, el jugo de naranja, el vinagre balsámico y la mantequilla (opcional).
- Lleva a ebullición y luego reduce el calor, dejando cocinar hasta que la salsa se espese ligeramente.

Presentación:
- Coloca los filetes de salmón en platos individuales y vierte la salsa de naranja sobre el salmón.
- Adorna con ralladura adicional de naranja y almendras trituradas.

Annotazioni...

. . . .
. . . .
. . . .
. . . .
. . . .

Pato Glaseado con Naranja Estrellada

- 4 pechugas de pato
- 1 taza de jugo de naranja
- 1/2 taza de miel de abeja
- 2 cucharadas de vinagre balsámico
- 4 patatas medianas
- 2 cucharadas de mantequilla de avellanas
- 4 puñados de espinacas frescas
- Sal y pimienta negra al gusto

Preparación del Glaseado:
- En una pequeña cacerola, mezcla el jugo de naranja, la miel y el vinagre balsámico. Lleva a ebullición, reduce el fuego y deja cocinar hasta que el glaseado se espese ligeramente.

Preparación del Pechuga de Pato:
- Haz cortes poco profundos en la piel de la pechuga de pato, sálala y piméntala. Pincela el glaseado de naranja sobre y alrededor de las pechugas de pato.

Preparación de las Patatas Fondantes:
- Pela las patatas y córtalas en rodajas finas. Colócalas en la freidora de aire a 200°C y cocina hasta que estén ligeramente doradas y tiernas por dentro.
- Coloca las pechugas de pato en la cesta de la freidora de aire junto con las patatas y cocina durante unos 15-20 minutos o hasta que la piel esté crujiente y la carne esté rosada al punto deseado.

Presentación:
- Coloca las pechugas de pato en platos individuales, acompañadas de patatas fondantes y espinacas con mantequilla avellana.
- Puedes decorar con un toque adicional de glaseado de naranja."

Annotazioni...

. . . .
. . . .
. . . .
. . . .
. . . .

Cofre de nabos Lubina y Burrata

ingredienti:

- 250 g de harina
- 2 huevos (unos 100 g)
- 1 pizca de sal
- 15ml de aceite de oliva
- Agua (cantidad variable)

Para el relleno:

- 200 g de grelos, limpios y cocidos
- 300g de lubina (u otro pescado blanco de tu elección), limpio y cortado en cubos
- 150 g de burrata exprimida y picada
- Sal y pimienta para probar.
- Aceite de oliva para cocinar

Preparación de la Pasta:

- En un tazón, mezcla la harina con los huevos, la sal y el aceite de oliva. Agrega agua gradualmente y continúa amasando hasta obtener una consistencia elástica y homogénea.
- Cubre la masa y déjala reposar en el refrigerador durante al menos 30 minutos.

Preparación del Relleno:

- En una sartén, calienta un poco de aceite de oliva y saltea las hojas de nabo cocidas. Ajusta la sal y la pimienta. Reserva.
- En otra sartén, cocina los cubos de lubina con un chorrito de aceite de oliva hasta que estén cocidos uniformemente. Ajusta la sal y la pimienta.
- Extiende la masa sobre una superficie ligeramente enharinada formando un rectángulo.
- Coloca las hojas de nabo sobre la masa, seguidas por los cubos de lubina y, finalmente, la burrata desmenuzada. Enrolla la masa formando un estuche y sella bien los bordes. Coloca en la rejilla de la freidora revestida con papel pergamino.

Cocción:

- Cocina el estuche en la freidora de aire precalentada a 180°C durante unos 25-30 minutos o hasta que esté dorado.
- Deja enfriar ligeramente antes de cortar en rodajas y servir."

Annotazioni...

. . . .
. . . .
. . . .
. . . .
. . . .

Estuche de Brotes de Nabo Lubina y Burrata

- 500 g de tentáculos de pulpo
- 2 cucharadas de aceite de oliva
- Sal y pimienta para probar.
- Para la Crema de Coliflor:
- 1 coliflor mediana, dividida en floretes
- 1 cebolla, picada
- 2 dientes de ajo, picados
- 500ml de caldo de verduras
- 50ml de nata fresca
- 2 cucharadas de aceite de oliva
- Sal y pimienta para probar.

Para el relleno:

- 50g de regaliz puro (sin azúcar), picado
- 50ml de agua
- 1 cucharada de miel
- 1 cucharada de vinagre balsámico

Preparación del Pulpo:

- Limpia bien los tentáculos de pulpo, eliminando posibles residuos de arena. Colócalos en un tazón, condimenta los tentáculos de pulpo con aceite de oliva, sal y pimienta.
- Calienta la freidora de aire a 200°C. Cocina los tentáculos durante unos 15-20 minutos o hasta que estén dorados por fuera y bien cocidos por dentro.

Preparación de la Crema de Coliflor:

- En una olla, calienta el aceite de oliva y sofríe la cebolla y el ajo hasta que estén dorados. Agrega los ramilletes de coliflor y cocina por unos minutos. Vierte el caldo de verduras, tapa y cocina hasta que la coliflor esté tierna.
- Mezcla la crema con una licuadora de inmersión hasta obtener una textura cremosa. Agrega la nata, sal y pimienta al gusto.

Preparación de la Salsa de Regaliz:

- En una pequeña cacerola, disuelve el regaliz picado en agua a fuego lento.
- Añade la miel y el vinagre balsámico, revolviendo hasta obtener una salsa suave.

Presentación:

- Sirve los tentáculos de pulpo sobre una cama de crema de coliflor y vierte la salsa de regaliz sobre el pulpo. Decora con hierbas frescas al gusto.

Annotazioni...

. . . .
. . . .
. . . .
. . . .
. . . .

Medallones de Cerdo festivos

ingredienti:

- 4 medallones de filete de cerdo
- 8 lonchas de jamón crudo
- 1 taza de arándanos frescos
- 2 cucharadas de azúcar
- 4 patatas medianas
- 2 ramitas de romero
- Aceite de oliva
- Sal y pimienta negra al gusto

Preparación de Medallones de Cerdo:
- Envuelve cada medallón de solomillo de cerdo con dos lonchas de jamón crudo. Fija con un palillo para mantener la forma durante la cocción.

Preparación de la Salsa de Arándanos Rojos:
- En una pequeña cacerola, cocina los arándanos rojos con azúcar hasta que estén tiernos y la salsa se espese ligeramente.

Preparación de las Patatas con Romero:
- Pela y corta las patatas en cubos. Mézclalas con aceite de oliva, romero picado, sal y pimienta. Colócalas en la freidora de aire y cocina a 200 °C hasta que estén doradas por fuera y tiernas por dentro.
- Coloca los medallones de cerdo en la cesta de la freidora de aire junto con las patatas y cocina durante unos 15-20 minutos o hasta que estén dorados y cocidos por dentro.

Presentación:
- Coloca los medallones de cerdo en platos individuales, acompañados de la salsa de arándanos rojos y el puré de patatas con romero.
- Puedes decorar con ramitas de romero fresco y algunos arándanos rojos adicionales.

Annotazioni...

. . . .
. . . .
. . . .
. . . .
. . . .

Lenguado Parisino

ingredienti:

- 4 filetes de lenguado
- Harina para empanizar
- 2 huevos batidos
- Migas de pan
- Sal y pimienta negra
- Limón (para servir)

Para la salsa:

Jugo y ralladura de 1 naranja
2 cucharadas de miel
1 manojo de espárragos
Aceite de oliva

Preparación de la Salsa de Naranja:
- En una cacerola, mezcla el jugo y la ralladura de naranja con la miel. Cocina a fuego medio hasta que la salsa se espese.

Cocción de los Espárragos:
- Corta las puntas de los espárragos y cocínalos en la freidora de aire con aceite de oliva, sal y pimienta hasta que estén tiernos.

Preparación de la Solla:
- Pasa los filetes de solla por harina, luego por huevos batidos y finalmente por pan rallado. Colócalos en la freidora de aire y cocina a 200°C hasta que estén dorados.

Presentación:
- Coloca los filetes de solla en platos individuales, agrega los espárragos y adereza con la salsa de naranja.
- Decora con rodajas de limón fresco.

Annotazioni...

. . . .
. . . .
. . . .
. . . .
. . . .

Pollo Elegante

ingredienti:

- 4 pechugas de pollo
- Sal y pimienta negra
- Romero fresco picado
- 4 patatas medianas
- Manteca
- Leche
- Aceite de trufa
- Perejil fresco (para decorar)

Para la salsa:

1 taza de arándanos frescos
2 cucharadas de azúcar

Preparación del Pollo:
- Sazona los filetes de pollo con sal, pimienta y romero. Cocina en la freidora de aire hasta que estén dorados y completamente cocidos.

Preparación de la Salsa de Arándanos Rojos:
- En una cacerola, cocina los arándanos rojos con azúcar hasta obtener una salsa espesa.

Preparación del Puré de Patatas con Trufa:
- Hierve las patatas y haz un puré con mantequilla y leche. Agrega aceite de trufa para darle sabor.

Presentación:
- Coloca el pollo en los platos, vierte encima la salsa de arándanos rojos y acompaña con una porción de puré de patatas con trufa.
- Decora con perejil fresco picado para un toque de color y frescura.

Annotazioni...

. . . .

Asado de Pavo Refinado

ingredienti:

- 1 pavo de 2-3 kg
- 4 patatas grandes, cortadas en rodajas gruesas
- 1 manojo de tomillo fresco
- 1 manojo de espárragos
- Aceite de oliva virgen extra
- Sal y pimienta negra
- 1 cucharadita de ajo en polvo
- 1 cucharadita de pimentón ahumado

Preparación del Pavo:
- Sazona el pavo con sal, pimienta, ajo en polvo y páprika ahumada. Masajea bien las especias en la carne y deja marinar.

Espárragos Crujientes:
- Quiebra las puntas leñosas de los espárragos. Aderézalos con aceite de oliva, sal y pimienta. Cocina en la freidora de aire hasta que estén crujientes.

Patatas con Tomillo:
- En un tazón, mezcla las rodajas de patata con aceite de oliva, sal, pimienta y hojas de tomillo. Distribúyelas uniformemente en la freidora de aire y cocina hasta que estén doradas.

Cocción del Pavo:
- Coloca el pavo en la freidora de aire precalentada a 180°C. Cocina durante aproximadamente 30 minutos por cada kg de peso, hasta que la temperatura interna del asado alcance los 74°C. Gira el pavo a la mitad de la cocción para que se dore uniformemente.

Presentación:
- Sirve el pavo sobre un lecho de patatas con tomillo, con los espárragos crujientes dispuestos alrededor como guarnición.

Annotazioni...

. . . .
. . . .
. . . .
. . . .
. . . .

Rollo de Pollo Relleno "

ingredienti:

- 4 pechugas de pollo finas
- 200 g de champiñones porcini frescos, finamente picados
- 1 cebolla, picada
- 1 taza de puré de calabaza
- 6 castañas cocidas y peladas
- Aceite de oliva virgen extra
- Sal y pimienta negra
- Romero fresco para decorar

Preparación del Relleno de Boletus Edulis:
- En una sartén, sofríe la cebolla en aceite de oliva hasta que esté dorada. Añade los boletus edulis y cocina hasta que estén tiernos. Enfría el relleno.

Preparación del Pollo:
- Distribuye uniformemente el relleno de boletus sobre los filetes de pollo finos y enrolla. Fija con palillos y cocina en la freidora de aire a 200°C hasta que estén dorados.

Presentación:
- Corta el rollo de pollo en rodajas oblicuas (como el salami) y sirve sobre una cama de puré de calabaza caliente con migas de castañas.

Annotazioni...

. . . .
. . . .
. . . .
. . . .
. . . .

Pato en salsa de Naranja

- 4 patas de pato
- 2 naranjas, jugo y ralladura
- 4 patatas, cortadas en gajos
- 4 zanahorias, cortadas en rodajas
- 2 cucharadas de miel
- 2 cucharadas de vinagre balsámico
- ramitas de romero
- Aceite de oliva virgen extra
- Sal y pimienta negra

Preparación de Muslos de Pato:
- Sazona los muslos de pato con sal, pimienta, jugo de naranja y ralladura de naranja. Deja marinar durante al menos 30 minutos.

Zanahorias Glaseadas:
- En una sartén, combina las zanahorias con miel, vinagre balsámico, jugo de naranja, sal y pimienta. Cocina hasta que las zanahorias estén tiernas y el líquido se haya reducido a un jarabe.

Patatas Rústicas:
- En un tazón, mezcla las patatas con aceite de oliva, romero, sal y pimienta. Distribúyelas uniformemente en la freidora de aire y cocina hasta que estén crujientes por fuera y tiernas por dentro.

Cocción de Muslos de Pato:
- Coloca los muslos de pato en la freidora de aire precalentada. Cocina hasta obtener una piel crujiente y una carne suculenta, volteando a la mitad de la cocción.

Presentación:
- Sirve los muslos de pato sobre una cama de patatas rústicas y zanahorias glaseadas. Adorna con ralladura de naranja y romero fresco.

Annotazioni...

. . . .
. . . .
. . . .
. . . .
. . . .

Carne Balsámica

- 4 rebanadas de carne asada
- 1/2 taza de vinagre balsámico
- 2 cucharadas de miel
- 4 patatas medianas
- Leche
- Manteca
- Trufa negra (aceite de trufa o sal está bien)
- 1 manojo de espárragos
- Aceite de oliva virgen extra
- Sal y pimienta negra

"Purè de Patatas con Trufa:
- Hierve las patatas y prepara un puré cremoso con leche, mantequilla y trufa negra al gusto.

"Espárragos con Mantequilla":
- Cocina los espárragos en la freidora de aire hasta que estén tiernos. Una vez cocidos, aliña con mantequilla derretida, sal y pimienta.

Preparación de Asados de Res Glaseados:
- Sazona las lonjas de asado con sal y pimienta. Cocina en la freidora de aire a 180° hasta que estén ligeramente dorados. Mientras tanto, en una pequeña cacerola, reduce a fuego lento el vinagre balsámico con la miel hasta obtener un glaseado espeso. Barniza el asado con este glaseado en los últimos minutos de cocción.

Presentación:
- Sirve los asados de res sobre una cama de puré de patatas con trufa, con los espárragos con mantequilla al lado.

Annotazioni...

. . . .
. . . .
. . . .
. . . .
. . . .

Filete Melódico

- 4 filetes de cerdo
- Semillas de granada (de 1 granada)
- 1 cucharadita de azúcar moreno
- 4 patatas medianas
- Leche
- Manteca
- Ramitas de romero fresco
- Limón (ralladura y jugo)
- Aceite de oliva virgen extra
- Sal y pimienta negra

Preparación del Lomo de Cerdo Glaseado con Granada:
- Cocina los filetes de cerdo en la freidora de aire hasta que estén dorados.
- Mientras tanto, reduce a puré las semillas de granada trituradas y una cucharada de azúcar en un pequeño tazón.

Puré de Patatas con Romero:
- Hierve las patatas y prepara un puré muy cremoso con leche, mantequilla y romero fresco picado.

Presentación:
- Sirve los filetes de cerdo sobre una cama de puré de patatas con romero. Vierte el glaseado de granada sobre los filetes de cerdo y espolvorea con algunas semillas de granada.

Annotazioni...

. . . .
. . . .
. . . .
. . . .
. . . .

Ternera con Gorgonzola Elegante

- 4 filetes de ternera
- 150 g de gorgonzola dulce
- 4 patatas medianas
- 1 taza de caldo de res
- 1/2 taza de crema espesa
- 1/4 taza de vinagre balsámico
- romero fresco
- Aceite de oliva virgen extra
- Manteca
- Sal y pimienta negra

Preparación de la Salsa de Gorgonzola:
- En una pequeña cacerola, derrite el gorgonzola dulce a fuego lento. Agrega la nata y mezcla hasta obtener una salsa cremosa. Ajusta de sal y pimienta.

Patatas Fondant:
- Pela y corta las patatas en rodajas finas. Cuécelas en la freidora de aire con romero fresco, un chorrito de aceite de oliva y una nuez de mantequilla hasta que estén tiernas y ligeramente crujientes por fuera.

Reducción de Balsámico:
- En una pequeña sartén, reduce el vinagre balsámico a fuego lento hasta que espese ligeramente.

Preparación del Filete de Ternera:
- Dora los filetes de ternera en la freidora de aire hasta que estén dorados. Luego, transfiérelos a un plato y déjalos reposar. Como sugerencia, si deseas resaltar el sabor, pásalos rápidamente por una sartén con mantequilla dorada.

Presentación:
- Coloca los filetes de ternera en un lado del plato. Al lado, dispón las patatas fondant y salsea con la reducción de balsámico sobre el filete.

Annotazioni...

. . . .
. . . .
. . . .
. . . .
. . . .

Lenguado con Sinfonía del Huerto

ingredienti:

- 4 filetes de lenguado
- 1 coliflor mediana
- 1 limón (ralladura y jugo)
- 1 taza de vino blanco seco
- 1/2 taza de caldo de pescado
- Manteca
- Aceite de oliva virgen extra
- Perejil fresco
- Sal y pimienta negra

Preparación de la Lenguado al Limón:
- Dora los filetes de lenguado en la freidora de aire hasta que estén dorados. Pincela con el jugo y espolvorea con ralladura de limón en los últimos minutos de cocción para darle un toque fresco.

Puré de Coliflor:
- Cuece al vapor la coliflor y haz un puré agregando mantequilla, aceite de oliva y pimienta. Ajusta la consistencia con caldo de pescado.

Reducción de Vino Blanco:
- En una sartén, vierte el vino blanco y cocina a fuego medio hasta que se reduzca a la mitad. Agrega una nuez de mantequilla para obtener una consistencia aterciopelada.

Presentación:
- Coloca los filetes de lenguado en un lado del plato. Al lado, forma una montañita con el puré de coliflor y decora con la reducción de vino blanco. Completa con perejil fresco picado.

Annotazioni...

. . . .
. . . .
. . . .
. . . .
. . . .

Bacalao Sinfónico

ingredienti:

- 4 lomos de bacalao fresco o desalado
- Almendras picadas
- Harina
- Huevo
- hinojo fresco
- Aceite de oliva virgen extra
- Sal y pimienta negra
- Ramita de romero fresco (opcional para decorar)

Para la salsa:

Ralladura de bergamota
jugo de bergamota

Preparación del Bacalao con Costra de Almendras:
- Pasa los filetes de bacalao primero por harina, luego por huevo batido y finalmente por almendras trituradas. Cocina en la freidora de aire a 180°C hasta que la costra esté dorada y el pescado esté tierno por dentro.

Salsa al Bergamota:
- En un tazón pequeño, mezcla el jugo de bergamota con la ralladura. Puedes calentar ligeramente la salsa si lo prefieres.

Ensalada de Hinojo:
- Corta finamente el hinojo y aliña con aceite de oliva, sal y pimienta.

Presentación:
- Coloca los filetes de bacalao en el centro del plato, decora con la salsa de bergamota. Al lado, coloca la ensalada de hinojo y, si lo deseas, decora con una ramita de romero fresco.

Annotazioni...

....
....
....
....
....

Salmón Antonino

ingredienti:

- 4 filetes de salmón
- Pistachos picados
- Harina
- Huevo
- Guisantes frescos o congelados
- calabacines
- Aceite de oliva virgen extra
- Manteca
- Sal y pimienta negra
- Menta fresca para decorar

Para la salsa:

Limones (ralladura y jugo)

Preparación del Salmón con Costra de Pistachos:
- Pasa los filetes de salmón primero por harina, luego por huevo batido y finalmente por pistachos triturados. Cocina en la freidora de aire a 180°C hasta que la costra esté dorada y el salmón esté cocido a la perfección.

Salsa de Limón:
- En un tazón pequeño, mezcla el jugo y la ralladura de limón. Puedes ajustar la acidez añadiendo un poco de mantequilla.

Puré de Guisantes:
- Cuece los guisantes en agua con sal hasta que estén tiernos. Tritúralos con un poco de aceite de oliva, sal y pimienta hasta obtener un puré suave.

Chips de Calabacín:
- Corta finamente las rodajas de calabacín y cocínalas en la freidora de aire a 200°C hasta que estén crujientes.

Presentación:
- Coloca los filetes de salmón en el centro del plato, decora con la salsa de limón. Al lado, crea una cama de puré de guisantes y agrega las chips de calabacín. Adorna con hojitas de menta fresca.

Annotazioni...

. . . .
. . . .
. . . .
. . . .
. . . .

Mero Tropical

ingredienti:

- 4 filetes de dorada
- Almendras picadas
- Harina
- Huevo
- Zanahorias
- Espárragos
- Manteca
- Aceite de oliva virgen extra
- Sal y pimienta negra

Para la salsa:

granos de pimienta rosa
manteca

Preparación de la Dorada con Costra de Almendras:
- Pasa los filetes de dorada primero por harina, luego por huevo batido y finalmente por almendras trituradas. Cocina en la freidora de aire a 180°C hasta que la costra esté dorada y el pescado esté cocido.

Salsa de Pimienta Rosa:
- En una sartén, tuesta ligeramente los granos de pimienta rosa. Agrega mantequilla y deja que se derritan los granos. Puedes ajustar la consistencia agregando un poco de agua.

Puré de Zanahorias:
- Cuece al vapor las zanahorias y haz un puré con un poco de mantequilla hasta obtener una textura suave. Ajusta el sabor con sal y pimienta.

Espárragos a la Parrilla:
- Cocina los espárragos rociados con un poco de aceite de oliva, sal y pimienta en la freidora de aire a 200°C hasta que estén tiernos pero crujientes.

Presentación:
- Coloca los filetes de dorada en el centro del plato, decora con la salsa de pimienta rosa. Al lado, forma una onda de puré de zanahorias y añade los espárragos a la parrilla.

Annotazioni...

. . . .
. . . .
. . . .
. . . .
. . . .

Lubina con hierbas

ingredienti:

- 4 filetes de lubina
- Hierbas frescas mixtas (romero, tomillo, perejil)
- polenta ya cocida
- espinacas frescas
- Aceite de oliva virgen extra
- Sal y pimienta negra

Para la salsa:

Limones (ralladura y jugo)
Sopa de verduras
Manteca

Preparación de la Lubina a las Hierbas:
- Espolvorea los filetes de lubina con hierbas frescas picadas y cocina en la freidora de aire a 200 °C hasta que la piel esté crujiente y el pescado esté cocido.

Salsa de Limón:
- En una sartén, mezcla el jugo de limón con la ralladura. Agrega un poco de caldo de verduras y mantequilla para obtener una salsa aterciopelada.

Polenta Crujiente:
- Córtala en rodajas, unta con aceite de oliva y colócala en la cesta de la freidora de aire, cocina a 200 °C hasta que esté crujiente.
- Espinacas Salteadas:
- En una sartén, saltea las espinacas con aceite de oliva, sal y pimienta hasta que estén ligeramente marchitas.

Presentación:
- Coloca los filetes de lubina en el centro del plato, decora con la salsa de limón. Al lado, agrega un trozo de polenta crujiente horneada y las espinacas salteadas.

Annotazioni...

. . . .
. . . .
. . . .
. . . .
. . . .

Dorada D'orata

ingredienti:

- 4 filetes de trucha
- Avellanas picadas
- Harina
- Huevo
- Azafrán (en pistilos o en polvo)
- Papas
- hinojo fresco
- Azúcar
- Manteca
- Aceite de oliva virgen extra
- Sal y pimienta negra

Preparación de las Patatas Fondantes:
- Corta las patatas en rodajas gruesas dándoles una forma cuadrada y cocínalas lentamente en la freidora de aire a 160°C con un poco de mantequilla hasta que estén suaves y cremosas por dentro.

Crema de Azafrán:
- Disuelve los estigmas de azafrán en un poco de agua caliente. Mezcla esta solución con una crema ligera de tu elección para obtener una salsa con el distintivo sabor del azafrán.

Hinojo Caramelizado:
- Corta el hinojo y caramelízalo en una sartén con azúcar y mantequilla hasta que esté tierno y ligeramente dorado.

Trucha en Costra de Avellanas:
- Pasa los filetes de trucha primero por harina, luego por huevo batido y finalmente por avellanas trituradas. Cocina en la freidora de aire a 180°C hasta que la costra esté dorada y el pescado esté cocido.

Presentación:
Coloca los filetes de trucha en el centro del plato, decora con la crema de azafrán. Junto a ellos, añade algunas patatas fondantes y hinojo caramelizado.

Annotazioni...

. . . .
. . . .
. . . .
. . . .
. . . .

Calamari, patate e pomodoro

ingredienti:

- 500 g de calamares, limpios y cortados en rodajas
- Patatas, peladas y cortadas en cubos
- Salsa de tomate
- Tomillo fresco o seco
- Ajo, picado
- pimentón dulce
- pimienta negra
- sal
- Aceite de oliva virgen extra

Preparación de las Patatas:
- Corta las patatas en cubos y condiméntalas con aceite de oliva, tomillo, ajo picado, pimentón dulce, pimienta negra y sal.
- Coloca las patatas condimentadas en la freidora de aire y cocina hasta que estén doradas y crujientes.

Cocción de los Calamares:
- Condimenta los calamares con aceite de oliva, tomillo, ajo picado, pimentón dulce, pimienta negra y sal.
- Coloca los calamares en la freidora de aire a 180°C y cocina hasta que estén cocidos y ligeramente dorados.

Preparación de la Salsa de Tomate al Tomillo:
- En una sartén, calienta la salsa de tomate con tomillo fresco o seco, ajo picado, pimentón dulce, pimienta negra y sal.

Presentación:
- Coloca los calamares y las patatas en un plato y decora a tu gusto con la salsa de tomate al tomillo.

Annotazioni...

. . . .
. . . .
. . . .
. . . .
. . . .

Carnosa di Manzo

- filetes de res
- Hierbas aromáticas frescas (romero, tomillo, perejil)
- Sal y pimienta negra
- Aceite de oliva virgen extra
- 500 g de alcachofas de Jerusalén
- Leche
- Manteca
- espárragos frescos
- Ralladura de limón
- Jengibre fresco (opcional)

Preparación del Filete de Ternera con Costra de Hierbas:
- Picar finamente las hierbas frescas y mezclarlas con sal, pimienta negra y aceite de oliva.
- Presionar la costra de hierbas sobre los filetes de ternera.
- Temperatura de la Freidora de Aire: 200°C
- Tiempo de cocción: Aproximadamente 12-15 minutos (según el grosor del filete y el nivel de cocción deseado).

Puré de Topinambur:
- Cocinar los topinambur hasta que estén tiernos. Triturarlos añadiendo leche, mantequilla, sal y pimienta hasta obtener un puré suave.

Espárragos Salteados:
- Saltear los espárragos frescos en una sartén con aceite de oliva, ralladura de limón y jengibre fresco picado (si se desea).
- Temperatura de la Freidora de Aire: 180°C
- Tiempo de cocción: Aproximadamente 8-10 minutos (manteniendo los espárragos tiernos pero aún crujientes).

Presentación:
- Colocar el filete de ternera en el centro del plato, acompañado de pinceladas de puré de topinambur y espárragos salteados.

Annotazioni...

. . . .
. . . .
. . . .
. . . .
. . . .

Pechuga De Pato Glaseada

ingredienti:

- 4 pechugas de pato
- Miel
- Sal y pimienta negra
- 500 gramos de patatas
- Manteca
- Ajo negro (1-2 cabezas)
- Judías verdes frescas
- Aceite de oliva virgen extra
- Almendras tostadas (para decorar)

Preparación de Patatas Fondantes con Ajo Negro:
- Pelar y cortar las patatas en rodajas finas.
- Cocinar en la freidora de aire con mantequilla, ajo negro machacado y sal hasta que estén tiernas por dentro y crujientes por fuera.

Judías Verdes Crujientes:
- Cocinar las judías verdes frescas en la freidora de aire con un chorrito de aceite, sal y pimienta hasta que estén crujientes.

Pechuga de Pato Glaseada con Miel:
- Sazonar las pechugas de pato con sal y pimienta.
- Cepillar con abundante miel.
- Temperatura de la Freidora de Aire: 180°C
- Tiempo de cocción: Aproximadamente 15-18 minutos, volteando a la mitad de la cocción.

Presentación:
- Rebanar las pechugas de pato y colocarlas sobre un lecho de patatas fondantes.
- Acompañar con judías verdes crujientes y decorar con almendras tostadas.

Annotazioni...

. . . .
. . . .
. . . .
. . . .
. . . .

Salmón Al Sésamo con flan de espinacas

ingredienti:

- 4 filetes de salmón
- semillas de sésamo
- Sal y pimienta negra
- 500 g de espinacas frescas
- Huevo
- Crema
- Nuez moscada
- Reducción de vinagre balsámico
- Aceite de oliva virgen extra

Preparación del Soufflé de Espinacas:
- Cocinar las espinacas y picarlas finamente.
- Mezclar las espinacas con huevos, crema, sal, pimienta y nuez moscada.
- Cocinar en la freidora de aire hasta obtener un soufflé firme y dorado.

Reducción de Balsámico:
- Reducir el vinagre balsámico en una sartén hasta obtener una consistencia densa y sabrosa.

Filetes de Salmón con Sésamo:
- Sazonar los filetes de salmón con sal, pimienta negra y espolvorear con semillas de sésamo.
- Temperatura de la Freidora de Aire: 200°C. Tiempo de cocción: Aproximadamente 12-15 minutos, hasta que el salmón esté cocido y la parte exterior esté crujiente.

Presentación:
- Colocar el filete de salmón en el centro del plato.
- Acompañar con una porción de soufflé de espinacas.
- Decorar con la reducción de balsámico y un chorrito de aceite de oliva.

Annotazioni...

. . . .
. . . .
. . . .
. . . .
. . . .

Pavo Con Relleno De Calabaza

- 4 rebanadas de pechuga de pavo
- 300 g de calabaza, cortada en cubos
- 3 patatas medianas
- romero fresco
- Sal y pimienta negra
- Aceite de oliva virgen extra

Preparación del Relleno de Calabaza:
- Cocinar al vapor los cubos de calabaza hasta que estén tiernos.
- Triturar la calabaza cocida y condimentar con sal, pimienta negra y romero fresco.

Rollo de Pavo:
- Aplanar las lonchas de pechuga de pavo con un mazo de cocina.
- Distribuir uniformemente el relleno de calabaza sobre la superficie de las lonchas.
- Enrollar las lonchas formando un rollo. Cocinar a 180°C en la Freidora de Aire durante aproximadamente 20-25 minutos, volteando el rollo a la mitad de la cocción.

Patatas al Romero:
- Cortar las patatas en rodajas finas.
- Condimentar con aceite de oliva, romero fresco picado, sal y pimienta.
- Cocinar en la freidora de aire hasta que estén doradas y crujientes.
- Temperatura de la Freidora de Aire: 200°C. Tiempo de cocción: Aproximadamente 15-20 minutos, volteando las patatas a la mitad de la cocción.

Presentación:
- Colocar una cama de patatas en un plato y disponer encima las lonchas de pavo.

Annotazioni...

. . . .
. . . .
. . . .
. . . .
. . . .

RICETTE DI

NATALE

RECETAS
DULCES
NAVIDEÑAS

En las próximas páginas, encontrarás, por supuesto, muchas recetas de pasteles, pero también trataremos de proporcionarte recetas que incluyan cremas y salsas para enriquecer tus postres. Como siempre, con un ojo en recetas especiales que puedan servir como ejemplo para desarrollar tus propias ideas y tu creatividad culinaria... los postres... ¡qué dulzura!

RECETAS
INDICE
NAVIDEÑAS

Panettone

ingredienti:

- 315 g de harina para repostería
- 100 g de azúcar
- 7 g de levadura con vainilla para repostería
- 3 g de sal
- 120 ml de leche tibia
- 60 g de mantequilla derretida
- 2 huevos
- 5 ml de extracto de vainilla
- Ralladura de naranja
- 80 g de pasas (opcional)
- Azúcar glas para decorar

Preparación:

- En un tazón, mezclar la harina, el azúcar y la levadura.
- Agregar la leche tibia, la mantequilla derretida, los huevos, el extracto de vainilla y la ralladura de naranja.
- Mezclar bien hasta obtener una masa homogénea, luego agregar la sal.
- Esta masa se puede amasar a mano en un tazón grande o con una batidora planetaria; debe obtener una masa suave y elástica.
- Agregar las pasas o, si lo prefieres, las gotas de chocolate y terminar de amasar.
- Transferir la masa a un molde para panettone apto para la freidora de aire.
- Temperatura de la freidora de aire: 160°C
- Tiempo de cocción: aproximadamente 25-30 minutos. Verificar la cocción con un palillo, que debe salir limpio.
- Una vez cocido, dejar enfriar el panettone antes de servirlo. Puedes espolvorearlo con azúcar glas para un toque navideño.

Annotazioni...

....
....
....
....
....

Panetón de Chocolate

- 500 g de harina para repostería
- 100 g de azúcar
- 200 ml de leche tibia
- 1 sobre de levadura de cerveza seca (aproximadamente 7 g)
- 3 huevos
- Ralladura de una naranja
- 1 cucharadita de extracto de vainilla
- 150 g de mantequilla ablandada
- 100 g de gotas de chocolate
- 100 g de chocolate

Preparación de la Masa:

- En un tazón, disuelve la levadura en la leche tibia. Agrega una cucharada de azúcar y deja reposar durante 5-10 minutos hasta que se vuelva espumoso.
- En un tazón grande, tamiza la harina y agrega el azúcar. Agrega la levadura activada, los huevos ligeramente batidos, las gotas de chocolate y el extracto de vainilla. Mezcla bien.
- Añade la mantequilla ablandada en trozos y amasa hasta obtener una masa suave y elástica. Incorpora la fruta confitada.
- Engrasa un molde para panettone apto para la freidora de aire.

Formación del Panettone:

- Debes formar una bola colocando el cierre de la masa hacia abajo, debe quedar suave en la parte superior. Una vez formado, colócalo en el molde para panettone preparado.

Cocción en la Freidora de Aire:

- Coloca el molde con la masa en la freidora de aire precalentada a 180°C. Pon un trozo de mantequilla encima y cocina durante aproximadamente 20-25 minutos o hasta que el panettone esté dorado y bien cocido.

Glaseado y Decoración:

- Derrite el chocolate a baño maría o en el microondas y vierte suavemente el chocolate derretido sobre el panettone. Deja enfriar y disfruta de esta delicia.

Annotazioni...

. . . .
. . . .
. . . .
. . . .
. . . .

Zeppole de Navidad

ingredienti:

- 240 ml de agua
- 113 g de mantequilla
- 125 g de harina
- 4 huevos
- Una pizca de sal
- Aceite en spray para la freidora de aire

Per la Crema:

- 480 ml de leche entera
- 4 yemas de huevo
- 100 g de azúcar
- 30 g de harina
- Ralladura de limón
- Vainilla (opcional)

Preparación de las Zeppole:

- En una olla, llevar a ebullición el agua y la mantequilla con una pizca de sal. Agregar la harina y mezclar vigorosamente hasta formar una bola de masa. Transferir la masa a un tazón y dejar enfriar ligeramente. Agregar los huevos uno por uno, mezclando bien después de cada adición. Transferir la masa a una manga pastelera con una punta en forma de estrella. Rociar pequeños montones de masa en la freidora de aire, previamente rociada con aceite; se necesitarán varias tandas. Cocinar en la freidora de aire a 180°C durante unos 12-15 minutos o hasta que las zeppole estén doradas.

Preparación de la Crema Pastelera:

- Calentar la leche con la ralladura de limón en una olla. En un tazón, batir las yemas de huevo con el azúcar hasta obtener una mezcla clara. Agregar la harina y mezclar. Verter lentamente la leche caliente en la mezcla, mezclando continuamente. Llevar la mezcla de nuevo al fuego y cocinar a fuego medio-bajo hasta que espese. Retirar del fuego y agregar la vainilla, si se desea. Dejar enfriar.

Presentación de las Zeppole:

- Rellenar las zeppole con la crema pastelera utilizando una manga pastelera. Decorar con azúcar glas y canela si lo deseas.

Annotazioni...

. . . .
. . . .
. . . .
. . . .
. . . .

Bollos de Jengibre

ingredienti:

- 250 g de harina
- 1 cucharadita de bicarbonato de sodio
- 1 cucharadita de canela en polvo
- 1 cucharadita de jengibre en polvo
- 1/2 cucharadita de clavo en polvo
- 1/4 cucharadita de sal
- 100 g de mantequilla, a temperatura ambiente
- 100 g de azúcar moreno
- 1 huevo
- 60 g de melaza
- Azúcar glas para decorar (opcional)

Preparación:
- En un tazón, tamizar juntos la harina, el bicarbonato de sodio, la canela, el jengibre, los clavos de olor y la sal. Mezclar bien.
- En otro tazón, batir la mantequilla y el azúcar moreno hasta obtener una consistencia ligera y cremosa. Agregar el huevo y la melaza a la mezcla de mantequilla, mezclando bien. Agregar gradualmente los ingredientes secos a la mezcla líquida, mezclando hasta obtener una masa homogénea. Envolver la masa en film transparente y refrigerar durante al menos 1 hora.
- Tomar pequeñas porciones de masa y formar bolas. Aplastarlas ligeramente con las manos o con la parte inferior de un vaso.
- Colocar las bolas en una bandeja forrada con papel pergamino. Cocinar en la Freidora de Aire: 180°C durante aproximadamente 10-12 minutos o hasta que las galletas estén doradas.
- Dejar enfriar las galletas en la bandeja durante unos minutos antes de transferirlas a una rejilla para que se enfríen completamente.

Presentación:
- Espolvorear con azúcar glas para un toque navideño.

Annotazioni...

. . . .
. . . .
. . . .
. . . .
. . . .

Tarta de Navidad con Canela y Manzanas

ingredienti:

- 2 manzanas, peladas y cortadas en cubos
- 200 g de harina
- 1 cucharadita de levadura en polvo
- 1/2 cucharadita de bicarbonato de sodio
- 1 cucharadita de canela en polvo
- Una pizca de sal
- 2 huevos
- 150 g de azúcar moreno
- 120 ml de aceite vegetal
- 120 ml de leche
- 1 cucharadita de extracto de vainilla
- 100 g de nueces o almendras picadas (opcional)

Preparación:

- Precalienta la freidora de aire a 180°C.
- En un tazón, tamiza la harina, el polvo de hornear, el bicarbonato de sodio, la canela y la sal. Mezcla bien.
- En otro tazón, bate los huevos con el azúcar moreno hasta obtener una consistencia espumosa. Agrega el aceite, la leche y el extracto de vainilla a los huevos batidos. Mezcla bien. Incorpora gradualmente los ingredientes secos al compuesto líquido, mezclando hasta obtener una masa homogénea. Agrega las manzanas en cubos y las nueces o almendras picadas (si las usas), mezclando delicadamente.
- Vierte la masa en un molde para tortas para Freidora de Aire y cocina a 180°C durante aproximadamente 30-35 minutos o hasta que un palillo insertado en el centro salga limpio.
- Deja enfriar la torta antes de cortarla.
- Puedes decorarla con azúcar glas o adornarla con nueces picadas.

Annotazioni...

. . . .
. . . .
. . . .
. . . .
. . . .

Torta de Chocolate y Naranja

- 200 g de harina
- 50 g de cacao en polvo
- 1 cucharadita de levadura en polvo
- 1/2 cucharadita de bicarbonato de sodio
- Una pizca de sal
- 2 huevos
- 150 g de azúcar moreno
- 120 ml de aceite vegetal
- 120 ml de leche
- 1 cucharadita de extracto de vainilla
- Ralladura de 1 naranja
- Azúcar glas para decorar (opcional)

Preparación:

- Precalienta la freidora de aire a 180°C.
- Engrasa y enharina un molde para pasteles adecuado para la freidora de aire.
- En un tazón, tamiza la harina, el cacao, el polvo de hornear, el bicarbonato de sodio y la sal. Mezcla bien.
- En otro tazón, bate los huevos con el azúcar moreno hasta obtener una consistencia espumosa. Agrega el aceite, la leche y el extracto de vainilla a los huevos batidos. Mezcla bien. Incorpora gradualmente los ingredientes secos al compuesto líquido, mezclando hasta obtener una masa homogénea. Agrega la ralladura de naranja al compuesto y mezcla bien.
- Vierte la masa en el molde para pasteles. Cocina en la freidora de aire a 180°C durante aproximadamente 30-35 minutos o hasta que al insertar un palillo en el centro salga limpio.
- Deja enfriar el pastel antes de sacarlo del molde. Puedes decorarlo con azúcar glas para un toque navideño.

Annotazioni...

. . . .
. . . .
. . . .
. . . .
. . . .

Pastel de Chocolate Fondant y Avellanas

ingredienti:

- 200 g de chocolate negro, derretido
- 150 g de harina
- 1 cucharadita de levadura en polvo
- Una pizca de sal
- 2 huevos
- 150 g de azúcar moreno
- 120 ml de aceite vegetal
- 120 ml de leche
- 1 cucharadita de extracto de vainilla
- 100 g de avellanas tostadas y picadas
- Azúcar glas para decorar (opcional)

Preparación:

- Precalienta la freidora de aire a 180°C.
- Engrasa y enharina un molde para pasteles adecuado para la freidora de aire.
- En un tazón, tamiza la harina, la levadura y la sal. Mezcla bien.
- En otro tazón, bate los huevos con el azúcar moreno hasta obtener una consistencia espumosa. Agrega el aceite, la leche y el extracto de vainilla a los huevos batidos. Mezcla bien. Incorpora gradualmente los ingredientes secos al compuesto líquido, mezclando hasta obtener una masa homogénea. Agrega el chocolate fondente derretido a la masa y mezcla bien.
- Añade las avellanas trituradas a la masa y mezcla delicadamente.
- Vierte la masa en el molde para pasteles. Cocina en la freidora de aire a 180°C durante unos 30-35 minutos o hasta que al insertar un palillo en el centro salga limpio.
- Deja enfriar el pastel antes de sacarlo del molde. Puedes decorarlo con azúcar glas.

Annotazioni...

. . . .
. . . .
. . . .
. . . .
. . . .

Pastel crumble de Nutella

ingredienti:

- 250 g de harina
- 100 g de mantequilla
- 100 g de azúcar
- 1/2 sobre de levadura en polvo para repostería
- 1 huevo
- 1 cucharada de cacao amargo (para la masa de cacao)
- 200 g de Nutella

Prepara la masa para la tarta:
- trabajando a mano o con una batidora planetaria. En un tazón, mezcla la harina, luego el butter frío en trozos, el huevo entero, el azúcar y la levadura. Puedes aromatizarla con vainilla o almendras.
- Amasa hasta obtener una masa suave; no debe ser perfectamente compacta ya que deberás desmenuzarla.
- Desmenuza la mitad de la masa en el fondo de un molde de 20 cm (las dimensiones del molde pueden variar según el tamaño de tu freidora de aire).
- Añade la Nutella que habrás derretido a baño maría o en el microondas, haciéndola cremosa para que no se seque durante la cocción.
- En este punto, divide nuevamente a la mitad la masa restante. Desmenuza la mitad en los bordes de la tarta, mientras que a la otra mitad agrégale el cacao y algunas gotas de leche para facilitar su incorporación.
- Coloca el molde directamente en la cesta y cocina a 160°C o con la función de postres durante 18 minutos.

Annotazioni...

. . . .
. . . .
. . . .
. . . .
. . . .

Struffoli

- 300 g de harina tipo 0
- 3 huevos pequeños
- 30 g de azúcar
- 60 ml de aceite de semilla
- 60 ml de licor de anís (o Strega)
- 1 sobre de vainillina
- 1 pizca de sal
- 1 pizca de polvo de hornear con vainilla
- Aceite de semilla al gusto (en aerosol)

Para la Decoración:

- 200 g de miel de mil flores
- 30 g de mantequilla
- Almendras confitadas en cubos
- Frutas confitadas a gusto

Preparación de la Masa:

- En el tazón de la batidora, o sobre la superficie de trabajo, coloca la harina. Agrega un huevo, el azúcar, el licor y el aceite. Comienza a amasar, luego agrega la vainillina, una pizca de sal y el polvo de hornear. Luego agrega los demás huevos. Deberías obtener una masa suave y no pegajosa. Corta la masa en muchos trozos y estíralos y enróllalos formando cilindros del mismo grosor, aproximadamente 1 cm.
- Corta los cilindros con un cuchillo, tratando de obtener trozos de tamaño similar. Enróllalos uno por uno en las palmas de las manos y forma los struffoli.
- Rocía un poco de aceite directamente sobre la canasta solo en la primera cocción (tendrás que hacer varias cocciones).
- Coloca los struffoli en la canasta y rocíalos con un poco de aceite. Cocínalos a 200°C durante 6 minutos, abriendo la canasta un par de veces, rociando un poco más de aceite y mezclándolos o agitando la canasta.
- Cuando estén dorados, retíralos de la canasta y puedes proceder a una segunda cocción.

Preparación del Glaseado:

- Derrite la miel en una sartén antiadherente junto con una nuez de mantequilla. Cuando esté derretido, vierte los struffoli.
- Agrega frutas confitadas, cidra, confites y lo que prefieras. Mezcla hasta que estén perfectamente amalgamados. En este punto, coloca los struffoli en el plato o la fuente de servir.

Annotazioni...

. . . .
. . . .
. . . .
. . . .
. . . .

Tarta Saracena con Frutas del Bosque

ingredienti:

- 2 huevos
- 100 g de azúcar de caña
- 200 g de harina de trigo sarraceno
- 50 g de fecula de patata
- 100 g de crema de soja
- 120 g de frutos del bosque
- 10 g de polvo de hornear con vainilla

Preparación de la masa:

- Bata los huevos enteros con el azúcar de caña hasta obtener una mezcla espumosa. Use batidores eléctricos a alta velocidad durante al menos 6-7 minutos.
- Reduzca la velocidad de las batidoras y agregue la crema líquida mientras continúa batiendo.
- Agregue gradualmente la harina de trigo sarraceno y la fecula de patata. Luego, agregue también el polvo de hornear.
- Después de incorporar las harinas, puede agregar los frutos del bosque (frescos o congelados, como prefiera) mezclando con una espátula para no romperlos, dejando algunos para decorar la superficie.
- Vierta la mezcla, bastante densa, en un molde para pasteles de 22 cm adecuado para la freidora de aire.
- Coloque el molde en la cesta y cocine a 160°C durante aproximadamente 35 minutos, haciendo la prueba del palillo, luego, cuando el palillo esté seco, la torta estará lista.

Annotazioni...

. . . .
. . . .
. . . .
. . . .
. . . .

Tarta Mocaccino

- 230 g de harina 00
- 2 huevos
- 150 g de azúcar granulado
- 40 ml de leche
- 30 ml de aceite de semillas
- 60 ml de café
- 100 g de chocolate negro
- 1 sobre de levadura de vainilla

Preparación:

- Bate los huevos enteros con el azúcar usando una batidora eléctrica o una batidora planetaria durante al menos 6/7 minutos a alta velocidad hasta que estén hinchados y espumosos.
- Añade en hilo el leche y el aceite bajando la velocidad de la batidora eléctrica. Finalmente, agrega también el café tibio.
- Tamiza la harina con el polvo de hornear y mézclalo con el compuesto de huevos, revolviendo a mano con una espátula, poco a poco e incorporándolo delicadamente de abajo hacia arriba.
- Corta el chocolate negro con un cuchillo y agrégalo a la masa, mezclando siempre con la espátula. Deja un poco para la decoración.
- Vierte la masa en un molde de 20 cm forrado con papel pergamino y nivélala bien. En la superficie, añade el chocolate negro restante.
- Coloca el molde en la cesta de la freidora de aire y cocina durante 20 minutos a 160°C, luego durante 10 minutos a 180°C, hasta que esté cocido. Verifica la cocción con un palillo de madera.

Annotazioni...

. . . .
. . . .
. . . .
. . . .
. . . .

Tarta de Yogur y Albaricoques

- 2 Huevos
- 125 g de yogur blanco
- 100 ml de leche
- 80 g de azúcar
- 220 g de harina 00
- 1 sobre de levadura en polvo con vainilla
- 500 g de albaricoques

Preparación de la masa:

- En un tazón, agregue los huevos, el yogur y la leche. Mezcle con un batidor de mano, justo el tiempo suficiente para mezclar los ingredientes.
- Agregue, en el mismo tazón con los ingredientes líquidos, el azúcar e incorpórelo con el batidor. Agregue la harina y luego el polvo de hornear para pasteles, mezclando con el batidor para evitar la formación de grumos.
- La mezcla debe ser fluida y bastante densa: de esta manera evitará que las albaricoques caigan al fondo.
- Vierta la masa en un molde desmontable de 20 cm de diámetro forrado en el fondo con papel pergamino. Nivele la superficie.
- Lave las albaricoques y deshueselas. Córtelos en rodajas y colóquelos en forma de abanico hundiéndolos ligeramente en la masa.
- Hornee a 150°C durante los primeros 25 minutos, luego aumente a 170°C durante los últimos 5-10 minutos. Luego, verifique la cocción con un palillo.

Annotazioni...

....
....
....
....
....

Tarta de Nata y Avellanas

ingredienti:

- 120 g de harina 00
- 100 g de harina de avellanas (o avellanas para triturar)
- 150 ml de nata líquida azucarada
- 100 g de azúcar granulado
- 2 huevos enteros
- 1/2 sobre de levadura con vainilla (aproximadamente 8 gramos)

Preparación de la Masa:

- Batir los huevos enteros con el azúcar, utilizando una batidora eléctrica a la velocidad máxima, hasta que estén claros y espumosos (aproximadamente 6/7 minutos). Luego, reducir la velocidad y agregar la nata líquida, batiendo nuevamente a velocidad alta. Deberás obtener una mezcla esponjosa y montada.
- Agregar la harina de avellanas (si no la tienes, puedes tostar y moler las avellanas peladas, convirtiéndolas en harina). Finalmente, agregar la harina y el polvo de hornear. La masa está lista y debe ser densa y consistente.
- Verter la masa en un molde redondo de 22 cm cubierto con papel pergamino en el fondo o engrasado y enharinado. Alternativamente, se puede utilizar un molde para rosquillas. Hornee en la Freidora de Aire precalentada a 180 grados durante aproximadamente 35 minutos, verificando la cocción con un palillo.

Annotazioni...

. . . .
. . . .
. . . .
. . . .
. . . .

Zeppole de Navidad con Ricotta

ingredienti:

- 250g de ricotta fresca
- 2 huevos
- 200g de harina
- 50g de azúcar
- 1 sobre de vainillina
- 1 cucharadita de levadura en polvo
- Ralladura de limón
- Una pizca de sal

Preparación de la Masa:
- En un tazón, mezcla la ricotta con los huevos hasta obtener una consistencia cremosa.
- Añade la harina tamizada, el azúcar, la vainillina, el polvo de hornear, la ralladura de limón y una pizca de sal. Mezcla bien hasta obtener una masa homogénea.

Formación de las Zeppole:
- Con la masa obtenida, forma pequeñas bolas y colócalas en la canasta de la freidora de aire.
- Cocina las zeppole en el aire caliente de la freidora de aire precalentada a 180°C durante aproximadamente 12-15 minutos, o hasta que estén doradas y bien infladas.

Presentación:
- Deja enfriar ligeramente las zeppole. Espolvorea generosamente con azúcar glas.

Annotazioni...

. . . .
. . . .
. . . .
. . . .
. . . .

Buñuelos de Manzana

- 2 manzanas (aproximadamente
- 250 g), peladas, sin semillas y cortadas en cubos pequeños
- 125 g de harina
- 25 g de azúcar
- 5 g de levadura en polvo
- 2 g de canela en polvo
- Una pizca de sal
- 1 huevo
- 80 ml de leche
  (agrega gradualmente hasta obtener la consistencia deseada)
- 5 ml de extracto de vainilla

Preparación de la Masa:
- En un tazón, mezcla la harina, el azúcar, el polvo de hornear, la canela y la sal. Agrega los huevos batidos en otro tazón y añade la leche gradualmente hasta obtener una consistencia que permita formar fácilmente bolas; luego, agrega las manzanas cortadas en cubos y mezcla bien.
- Forma bolas con la masa y colócalas en papel pergamino.
- Con una espátula, toma las bolas de masa y colócalas en la canasta de la freidora de aire.

Cocción:
- Cocina las frituras en el aire caliente de la freidora de aire precalentada a 180°C durante aproximadamente 10-12 minutos o hasta que estén doradas.

Presentación:
- Deja enfriar las frituras ligeramente. Espolvorea con azúcar glas y un ligero toque de canela si lo deseas.

Annotazioni...

. . . .
. . . .
. . . .
. . . .
. . . .

Rosquilla de la Abuela

ingredienti:

- 300 g de harina para repostería
- 1 sobre de levadura en polvo
- 1/2 cucharadita de sal
- 75 g de azúcar
- 1 huevo
- 120 ml de leche
- 50 g de mantequilla, derretida
- 1 sobre de vainillina

Para el Glaseado:

- 200g de azúcar glas
- 2-3 cucharadas de leche
- Gránulos de azúcar de colores o no coloreados para la decoración

Preparación de la Masa:

- Tamiza la harina en un tazón grande y mezcla con la levadura y la sal.
- En otro tazón, bate el huevo y agrega el azúcar, la leche, la mantequilla derretida y el extracto de vainilla. Mezcla bien.
- Incorpora gradualmente la mezcla húmeda en la mezcla seca, revolviendo con una cuchara de madera hasta obtener una masa homogénea y consistente.

Formación de las Rosquillas:

- Usa una manga pastelera o dos cucharas para formar las rosquillas en la rejilla de la freidora de aire. Asegúrate de dejar espacio entre las rosquillas. También puedes formar una rosquilla grande si tu freidora es XL o usando un molde especial, en ese caso, aumenta los tiempos de cocción, por supuesto.
- Cocina las rosquillas en el aire caliente de la freidora de aire precalentada a 180°C durante aproximadamente 8-10 minutos, o hasta que estén doradas.

Glaseado y Decoración:

- Mientras las rosquillas se enfrían ligeramente, prepara el glaseado. En un tazón, mezcla el azúcar glas con la leche hasta obtener una consistencia suave.
- Sumerge las rosquillas en el glaseado y luego espolvorea inmediatamente con el azúcar de colores o no coloreado.

Annotazioni...

. . . .
. . . .
. . . .
. . . .
. . . .

Helado Frito

- 4 bolas de helado de vainilla
- 100 g de copos de maíz triturados (cereales)
- 2 huevos, batidos
- Aceite para freír

Para la Salsa de Caramelo:

100 g de azúcar
50 g de mantequilla
60 ml de crema

Preparación de la Salsa de Caramelo:
- En una cacerola a fuego medio, derrite el azúcar hasta obtener un caramelo dorado. Agrega la mantequilla y mezcla hasta que se derrita por completo. Añade la nata y sigue mezclando hasta obtener una salsa de caramelo suave. Retira del fuego y deja enfriar.

Preparación del Helado Frito:
- Prepara tres platos: uno con las bolas de helado bien congeladas, otro con copos de maíz triturados y otro con huevos batidos.
- Pasa cada bola de helado primero por los huevos batidos, luego por los copos de maíz, asegurándote de que estén bien cubiertas. Repite el proceso una segunda vez para asegurarte de que el helado esté bien cubierto y sellado.
- Coloca las bolas de helado empanadas en una bandeja y métalas en el congelador durante al menos 2 horas para que se endurezcan bien.

"Fritura" en la Freidora de Aire:
- Precalienta la freidora de aire a 200°C. Coloca las bolas de helado en la cesta de la freidora de aire y cocina durante unos 2-3 minutos, o hasta que estén doradas. Asegúrate de vigilar cuidadosamente, ya que el tiempo de cocción puede variar.

Presentación:
- Sirve el helado frito en platos individuales y vierte una generosa cantidad de salsa de caramelo encima.

Annotazioni...

. . . .
. . . .
. . . .
. . . .
. . . .

Galletas Corazón Suave

ingredienti:

- 125 g de harina
- 30 g de cacao en polvo
- 2 g de levadura en polvo
- Una pizca de sal
- 115 g de mantequilla, ablandada
- 100 g de azúcar
- 1 huevo
- 5 g de extracto de vainilla
- Trozos de chocolate negro (para el corazón suave)

Para el Glaseado:

- 125 g de azúcar glas
- 30 ml de leche
- 2,5 g de extracto de vainilla

Preparación de las Galletas:
- En un tazón, tamiza la harina, el cacao en polvo, el polvo de hornear y la sal.
- En otro tazón, con una batidora eléctrica, trabaja la mantequilla y el azúcar hasta obtener una consistencia cremosa. Agrega el huevo y el extracto de vainilla a la mezcla de mantequilla y azúcar, continuando a mezclar.
- Gradualmente, agrega los ingredientes secos a la mezcla húmeda y mezcla hasta obtener una masa homogénea.
- Cubre la masa y ponla en el refrigerador durante al menos 30 minutos.
- Toma pequeñas porciones de masa y forma bolitas. Coloca un trozo de chocolate fondente en el centro de cada bola, asegurándote de que esté completamente cubierto.
- Coloca las bolitas en la rejilla de la freidora de aire y aplástalas ligeramente. Cocina a 180°C durante aproximadamente 10-12 minutos o hasta que las galletas estén cocidas.

Preparación del Glaseado:
- En un tazón, mezcla el azúcar glas, la leche y el extracto de vainilla hasta obtener un glaseado suave.

Presentación:
- Una vez que las galletas estén completamente enfriadas, vierte el glaseado sobre cada galleta.

Annotazioni...

. . . .
. . . .
. . . .
. . . .
. . . .

Tarta de Manzana y Canela

ingredienti:

- Para el relleno:
- 3 manzanas, peladas y cortadas en rodajas finas
- 2 cucharadas de azúcar
- 1 cucharadita de canela
- Jugo de medio limón

Para el relleno:

- 3 manzanas, peladas y cortadas en rodajas finas
- 2 cucharadas de azúcar
- 1 cucharadita de canela
- Zumo de medio limón

Para la Masa Quebrada:
- En un tazón, mezcla la harina, el azúcar glas y la sal.
- Añade la mantequilla fría en cubos y trabaja rápidamente con las manos hasta obtener una consistencia arenosa. Agrega el huevo y amasa hasta formar una masa homogénea. Forma una bola, envuélvela en film transparente y deja reposar en el refrigerador durante al menos 30 minutos.

Preparación del Relleno:
- En un tazón, mezcla las rodajas de manzana con el azúcar, la canela y el jugo de limón.

Preparación y Cocción:
- Precalienta la freidora de aire a 180°C.
- Estira la masa quebrada sobre una superficie enharinada y transfiérela a un molde para tarta en la freidora de aire.
- Coloca uniformemente las rodajas de manzana sobre la masa quebrada.
- Cocina en la freidora de aire durante aproximadamente 20-25 minutos o hasta que la tarta esté dorada.

Presentación:
- Deja enfriar ligeramente antes de cortar y servir. Puedes acompañar con un espolvoreo de azúcar glas o una bola de helado de vainilla.

Annotazioni...

. . . .
. . . .
. . . .
. . . .
. . . .

Hojaldrinas de Manzana y Caramelo

ingredienti:

- 1 rollo de masa de hojaldre
- 2 manzanas, peladas, sin semillas y cortadas en rodajas finas
- 2 cucharadas de azúcar
- 1 cucharadita de canela en polvo

Para el Caramelo:

- 1/2 taza de azúcar
- 2 cucharadas de mantequilla
- 1/4 taza de nata

Preparación de los Hojaldres:
- Extiende la masa de hojaldre sobre una superficie ligeramente enharinada.
- Corta la masa en rectángulos de tamaño uniforme y adecuados para el tamaño de tu freidora de aire.
- En un tazón, mezcla las rodajas de manzana con el azúcar y la canela.
- Coloca las rodajas de manzana en la mitad de cada rectángulo de masa de hojaldre. Cierra la masa sobre las rodajas de manzana y sella los bordes con un tenedor. Coloca los hojaldres en la rejilla de la freidora de aire.

Preparación del Caramelo:
- En una pequeña cacerola, derrite el azúcar a fuego medio. Remueve ocasionalmente hasta que el azúcar se vuelva dorado. Agrega la mantequilla y mezcla hasta que esté completamente derretida. Añade la nata y continúa mezclando hasta obtener una consistencia cremosa.

Ensamblaje:
- Vierte el caramelo sobre los hojaldres antes de cocinar.
- Cocina los hojaldres en la freidora de aire precalentada a 180°C durante unos 12-15 minutos o hasta que estén dorados.
- Sirve los hojaldres de manzana y caramelo aún calientes.

Annotazioni...

. . . .
. . . .
. . . .
. . . .
. . . .

Empanadas Dulces Nutella y Fresas

- Ingredientes:
- 1 rollo de masa para pizza
- Harina para la superficie de trabajo
- Nutella al gusto
- Fresas, cortadas en rodajas finas

Para el Glaseado:
- 1/2 taza de azúcar glas
- 1-2 cucharadas de leche

Preparación:
- Extiende la masa para pizza sobre una superficie ligeramente enharinada.
- Corta la masa en pequeños círculos (aproximadamente 10 cm de diámetro).
- En el centro de cada círculo, añade una generosa cantidad de Nutella y algunas rodajas de fresa.
- Dobla la masa por la mitad sobre el relleno, formando un medio círculo. Presiona los bordes con un tenedor para sellar.
- Coloca los calzones en la rejilla de la freidora de aire.

Cocción:
- Cocina a 180°C durante unos 10-12 minutos o hasta que estén dorados.

Preparación del Glaseado:
- En un tazón, mezcla el azúcar glas con la leche hasta obtener un glaseado suave.
- Vierte el glaseado sobre los mini calzones dulces mientras aún están calientes.

Annotazioni...

. . . .
. . . .
. . . .
. . . .
. . . .

Galletas de Coco y Chocolate

- Ingredientes:
- 1 hoja de masa de hojaldre
- 2 cucharadas de mantequilla derretida
- 1/4 de taza de azúcar de coco (o azúcar normal)
- 1/2 taza de escamas de coco
- 50g de chocolate oscuro, finamente picado

Preparación:

- Extiende el rollo de masa de hojaldre sobre una superficie ligeramente enharinada.
- Pincela uniformemente la superficie de la masa de hojaldre con la mantequilla derretida.
- Espolvorea el azúcar de coco y las virutas de coco sobre la masa de hojaldre.
- Distribuye uniformemente el chocolate negro picado sobre la superficie.
- Enrolla suavemente la masa de hojaldre desde un lado largo, formando un tronco.
- Corta el rollo en rodajas de aproximadamente 1,5/2 cm y colócalas en la rejilla de la freidora de aire.

Cocina a 180°C durante unos 12-15 minutos o hasta que las espirales estén doradas.

Annotazioni...

. . . .
. . . .
. . . .
. . . .
. . . .

RECETAS
GRACIAS
NAVIDEÑAS

Agradecimientos Finales:

¡Gracias a todos aquellos que han enfrentado con valentía y la freidora de aire las aventuras culinarias propuestas en este libro! Un sincero agradecimiento a aquellos que han convertido su cocina en una pista de baile para sabores y aromas.

Un agradecimiento especial a todas las freidoras de aire ahí fuera, grandes y pequeñas, por haber disipado cualquier duda sobre su magia gastronómica. Sin ustedes, estas recetas no habrían podido bailar tan ligeras y crujientes.

Un aplauso cálido a aquellos que han añadido un toque extra de amor, una cucharadita de fantasía y un rociado de diversión durante la preparación. Que sus cocinas sigan transformándose en un escenario culinario donde cada comida es un espectáculo para disfrutar.

Finalmente, un agradecimiento a ustedes, lectores ávidos de aventuras culinarias. Que sus freidoras estén siempre cargadas, los sabores siempre vibrantes y su amor por la cocina siempre en crecimiento. ¡Hasta la próxima aventura culinaria! ✺●

Gracias también a mi mamá y Nonna Lomba.

Printed in Great Britain
by Amazon

32900554R00050